# An Dosan

# An Dosan

le
Norma NicLeòid

Air fhoillseachadh ann an 2015 le Acair Earranta,
An Tosgan
Rathad Shìophoirt
Steòrnabhagh
Eilean Leòdhais HS1 2SD

www.acairbooks.com
info@acairbooks.com

Tha an còmhdach stèidhichte air dealbh le Stephanie C Macleod (Bobbie).

An dealbhachadh agus an còmhdach, Acair Earranta

Clò-bhuailte le Gwasg Gomer, Ceredigion, A' Chuimrigh

Gheibhear clàr catalogaidh airson an leabhair seo bho Leabharlann Bhreatainn.

Chuidich Comhairle nan Leabhraichean am foillsichear le cosgaisean an leabhair seo.

Tha Acair a' faighinn taic bho Bhòrd na Gàidhlig.

LAGE/ISBN   978-086152-566-9

Do Dhòmhnall Iain agus Alice

# An Dosan

'S ann gruamach a bha an Dosan agus e a' coiseachd na sràide. Bha a mhàthair air a shadail a-mach às an taigh, rud nach do rinn mòran mhàthraichean a-riamh air an gineal fhèin. Cha robh e air a bhith furasta dhi, ach bha an Dosan air a brosnachadh gu mòr, cho mòr agus gun robh a taobh-staigh daonnan a' cur nan caran agus a' toirt placadaich air a cridhe. 'S e sin a chanadh i co-dhiù.

'Seo dhut,' ars ise. 'Tha thu air fòghnadh dhomh. Chan eil ann ach an samhradh agus nì thu a' chùis. Lorgaidh tu leid còmhla ri caraid an àiteigin. Chan e an geamhradh a th' ann. Thoir do chasan leat.'

Cha robh athair, Dodo Ruadh, a-riamh air toirt air fàgail, ach cha do chaisg e ise; cha do chuir e casg oirre a-riamh ann an càil sam bith. Ciamar a b' urrainn sin dha? Nach ann mar sin a chaidh e fhèin a thogail, le athair a' cumail rian an taighe mus deigheadh a mhàthair às a ciall. Agus b' iomadh uair a rinn i sin – a' siamaich agus a' beucail an aghaidh rud air choreigin, gun fhios carson. 'S tric a smaoinich e càit no ciamar a thòisich a h-uile dad a bh' ann, an robh e domhainn sna ginealaich no an e seo a chaidh a chur a-mach dhaibhsan. Ge b' e dè a bh' ann, no ciamar a ghabhadh e roimhe, cha robh air ach cumail a' dol.

Dh'fhairich a h-uile duine aca faochadh, an latha samhraidh ud nuair a dh'fhalbh an Dosan a-mach an staran le a phaca air a dhruim, am paca canabhais a bh' air a bhith aig a sheanair a' falbh gu muir uaireigin.

Fada na b' fheàrr na 'n fheadhainn phlastaig no naidhlean a gheibheadh tu an-diugh.

Dh'fhairich an Dosan fhèin faochadh nach bu ghann cuideachd, aotromachd nach fhaireadh e ach nuair a ghabhadh e na pilichean a bha siud a bhiodh e a' cur a dh'iarraidh gun fhiosta air an eadar-lìon. Mijucs an t-ainm a bh' orra, agus gu dearbha bha iad a' coileanadh an geallaidh: do cheann fhosgladh dhad fhaireachdainnean, do cheum a dhèanamh aotrom agus grian a thoirt a-steach nad reul. Samhradh a-muigh agus samhradh a-staigh. Cò bha a' cur feum air saor-làithean?

Ged a bha an Dosan beag cha robh e bog. Bha e tana, neulach na ghnùis, agus shaoileadh tu gun robh e caran glaiste ann fhèin; a' cur feum air cuideachd agus air tuigse, ach gun fhios aige gu dè a dhèanadh e nam b' e 's gun tigeadh aimlisg na lùib.

Chanadh cuid gun robh e a' coimhead caran boireann, gu h-àraidh mar a bha e a' coiseachd le na ceumannan beaga goirid a bha siud, dìreach mar Nògan Beag bràthair a sheanar, chanadh iadsan, 's e sin iadsan a bu shine sa choimhearsnachd. Cha tugadh e idir searragan mòra fada mar a bheireadh athair agus a mhàthair Ciorstag. Bhithist a' cur às a leth cuideachd gum biodh e a' bruidhinn ris fhèin agus gun cualas e aon latha a' bruidhinn ri post teileagraif a bha faisg air an taigh aca.

Agus is gann gun robh cuimhne aig feadhainn air Debbie a phiuthar, a phòs fear à Inbhir Nis agus nach biodh a' tighinn dhachaigh uair sam bith. 'S tric a chanadh iad gu saoileadh tu gu nochdadh i uaireigin, nach robh Inbhir Nis cho fad' às. Ach bha dealbhan de chloinn Debbie an-àirde air a' bhòrd agus air sòla na h-uinneige, agus bhiodh Ciorstag a' bruidhinn orra ri na nàbannan mar gun robh i cho eòlach orra agus cho faisg dhaibh ris a' chloinn a bha a' ruith na sràide agus a' slaidhdeadh air na skateboards air an leathad air cùl an taigh' aca.

Cha robh èirigh-suas idir furasta dhan Dosan. Bu dheagh chaomh leis caoraich, ach leig athair seachad iad bho chionn iomadh bliadhna agus Ciorstag air a bhith a' bleadraigeadh nach robh càil aca air an son. Bha Dodo Ruadh air a bhith draghail sin a dhèanamh, oir bha e air a bhith an dòchas gum biodh Dòmhnall Seumas Iain, no an Dosan mar bu trice a shloinneadh e – airson ainm a ghiorrachadh agus bloigh nan trì ainmeannan a chumail blasta gu leòr, oir bha e air ainmeachadh às dèidh a dhà sheanair – na fhear chaorach agus 's dòcha na chroitear, agus gur maite eadhon gun deigheadh e latha brèagha air choreigin os cionn an Urrais agus gum biodh an talamh agus na slèibhtean a' braonadh le caoraich agus uain mhaola mholach às gach treubh agus fine, na lotaichean fo eòrna, agus nach biodh e ro dhuilich smaoineachadh a bharrachd gur dòcha gum biodh taigh-staile shuas mun àirigh bhàn aon uair 's gu leagadh iad i.

Chitheadh e cuideachd craobhan ri oir nan rathaidean, muileann-gaoithe no dhà an siud 's an seo, àrd, bragail, fireann agus ùghdarrail, factaraidh a bhiodh a' saothrachadh ri mòine a chumail ri daoine air tìr-mòr, agus soidhne mhòr uaine-ghorm air am biodh sgrìobhte gur ann le na daoine a bha am fearann seo, agus soidhne bheag eile ag innse càit an campaicheadh iad no am faodadh iad campachadh idir, agus aig bonn gach soidhne bhiodh ainm Dhòmhnaill Sheumais Iain, a' sealltainn gur esan a bha os cionn ghnothaichean.

Ach, mar a thuirt an t-òran, chlaon gach sòlas dhiubh siud mar bhruadar. Cha robh air ach feart a thoirt air Ciorstag agus gabhail ris nach biodh an Dosan idir a' faighinn bogadh san dualchas am measg nan caorach no aig faingean, agus nach biodh muileann-gaoithe àrd, bhàn, stobach a bhiodh mar chomharr air fhireantas shuas aig ceann na lota, ged nach tigeadh srad dealain aiste ann am bith.

'S dòcha, arsa Dodo ris fhèin, agus e a' coimhead an Dosain a' coiseachd air falbh gu crois an rathaid far am faigheadh e am bus, gun till e fhathast a-nochd, ged a bha beachd math aige gur e seo deireadh an rathaid airson greis co-dhiù, agus gum biodh aigesan agus aig Ciorstag ri bhith a' bìogail 's a' dearbhadh 's a' toirt tàire dha chèile, an corr' uair a bhruidhneadh iad, seach gun robh an t-eadar-mheadhanair a-nis a' dèanamh breacan à baile.

*　*　*

9

Bhon a bha an Dosan cho aotrom air a chasan, chan aithnicheadh duine cho mì-chinnteach 's a bha e. Bha an-còmhnaidh ceum aotrom, air cho trom 's gum biodh na casan a' faireachdainn, na shamhla air duine gnìomhach, dealasach. Agus bha e mar sin ann an dòigh, nan cuireadh e inntinn ris. Cha robh e air a bhith riamh ach ann an siud, e fhèin is Debbie, a' leantainn ris an dachaigh ach gun mhòran spèis aca dhi.

Chanadh a mhàthair gur ann mar siud a bha cùisean a-riamh bho thòisich rudan ag atharrachadh, agus a thàinig mar a theireadh iad rian is sìobhaltachd is adhartas dhan cheàrnaidh acasan dhen t-saoghal. Bha an òigridh a' togail orra gun ghuth air na seann dòighean. Cùl ris a h-uile dad bho chaoraich gu mòine agus creideamh ceart. Cha robh falmadair, cha robh bàta, creagach no càil dhen dèante e. Cor an t-saoghail. Na rudan air an robh na seann daoine a' cur luach air falbh leis a' ghaoith agus gun ach sloc nan àite. Sin na smuaintean a bha a' ruith air Ciorstag às dèidh dhan Dosan a chasan a thoirt leis.

'Fhuair e a h-uile dad a bha dhìth air mac an duine an seo,' theireadh i, 'agus chan eil e ach mar a h-uile òigridh eile: dìth diù agus dìth smior. Tachraidh an saoghal ris. Fàsaidh e measail oirnn nuair nach bi sinn ann. Sin agads' e. Dorchadas an fhàsaich. 'S chan eil Debbie mòran nas fheàrr. Tè nach bi a' fònadh ach uair sa mhìos agus ma dh'fhònas mise tha i an-còmhnaidh ann an cabhaig. Cuideigin aig an doras 's iad a' bualadh, no a' chlann ri miastadh agus aice ri ceannsal a chumail. Sin agaibh Debbie againne.'

'S e Doileag a bha Dodo ag iarraidh a thoirt oirre às dèidh a sheanmhar. Bha Dodo a' fàgail oirrese gur ann às dèidh film star air an robh Debbie a rinn i e, ach sin agaibh esan, an-còmhnaidh a' feuchainn ri sabhtag a thoirt. 'S co-dhiù bha Debbie coltach gu leòr ri Doileag.

'Well, gabhadh e leis,' chanadh i. Bha iad air ùine mhòr a thoirt a' smaoineachadh ach gu dè an t-ainm a bheireadh iad air an Dosan nuair a rugadh e. Ri h-athair-se theirist Dòmhnall Sheumais

Ghrannda, agus ri athair-san Iain Sheumais Mhurchaidh. Às dèidh beagan troid agus mì-chàil dh'aontaich iad air Dòmhnall Seumas Iain mar an t-ainm a dheigheadh a thabhairt. Cha do bhuannaich i idir nuair a dh'fheuch i ri innse gum b' fheàrr leathase Gilbert a thoirt air, à seann eachdraidh nam Bochanach, cinneadh dhan robh i sna seann aoisean, fear aig an robh talamh, bhiodh a seanair ag ràdh. Ach gu math na b' fhaisg air làimh bha clach Ghillibeirt a bh' air lot a seanar, far am faicist, gus an là an-diugh, làrach an ùird leis an deach gabhail dha mun cheann gus an do mharbhtadh e. Uabhas na seann eachdraidh. Agus bhiodh e air a bhith snog ainmeannan ùra a thoirt a-steach. Bha ainmeannan mar Dòmhnall is Màiri agus Catrìona air fàs ro àbhaisteach.

\* \* \*

Ghabh an Dosan roimhe a Steòrnabhagh. Cha robh e air dad a chur roimhe fhèin. Soraidh leis an àit, dh'fheadalaich e. B' iongantach, smaoinich e, gun tilleadh e dhachaigh tuilleadh. Gu cian nan cian co-dhiù.

Bha ceum suigeartach aige a' gabhail sràid' an sin, mar gun robh e air fàs glic ann an làrach an aon latha, agus lorg e ostail far an do chuir e a cheann fodha, agus gu dearbha anns na thàmh e gus am faigheadh e fo leigh. Ach cha robh cabhag sam bith air, latha ceòthanach samhraidh, a bhàir a-mach, agus gach uile ghruaim air am fuadach gu cùl nan sgòthan. Na Mijucs ag obrachadh mar bu chòir. Bu mhath rudeigin.

'S ann a bha dùil aige 'n toiseach gun dèanadh e air Inbhir Nis. Ach chuir e sin às a bheachd. Carson a dheigheadh esan far an eilein? Cha robh agad ri dhol cho fada sin air falbh airson astar-inntinn làitheil a chur eadar thu agus beatha a bha no nach robh agad gu ruige seo. Dh'fhaodadh tu do bhodhaig a leigeil sìos an àit' sam bith, ach bha d' inntinn gu bhith car mun aon rud ge b' e càit am bitheadh tu no gu dè a dhèanadh tu leatha.

Mar sin, an ceann seachdain, dh'fheuch e gu 'n iar, pàirt dhen eilean anns nach robh e a-riamh air a bhith na bheatha. Chaidil e fo na rionnagan, agus chòrd e ris a bhith a' teannadh dlùth air farsaingeachd na talmhainn. Bha na speuran nan toileachas-inntinn dha agus ged a bha na dearbh speuran a-riamh air a bhith os a chionn, cha robh e air aithne sam bith a chur orra na chuairt. Thòisich e a' gabhail ealla ri na sgòthan a' gluasad gus an coinnicheadh iad ri sgòthan eile no gus an teirigeadh iad. Thàinig mòralachd na cruinne a-steach air agus mhiannaich e gum b' urrainn dha òran-molaidh a chur ri chèile. Bhiodh e a' coiseachd na sgìre tron latha agus a' leughadh airson greiseagan na shuidhe ri fasgadh creige sna feasgair. Agus mus tarraingeadh e a' phlaide mu cheann an dòchas nach tigeadh fras fhad 's a bhiodh e ann an saoghal a' chadail, ghabhadh e leth Mijuc a leigeadh dha faireachdainn gun robh e fhèin agus na sgòthan nan aonan a' siubhal air astar speur.

Cha robh an Dosan fad' sam bith gus an do thurchair e air a' bhùth. Cha b' e a-mhàin sin, ach gun d' fhuair e obair innte cuideachd a' cartadh luchd dhaibh bho làraidhean. Thàinig sin gu bhith a' sgùradh 's a' sguabadh agus a' cumail òrdugh air na sgeilpichean. A h-uile càil na àite fhèin, gun mar-a-bhitheadh. Cha robh càil ris nach cuireadh e a làmh.

Nuair a chuala tè na bùtha gur ann a' cadal a-muigh a bha e, bhruidhinn i ri fear a thabhaich taigh air le dà rùm air mhàl, agus bha sin fhèin na adhbhar sòlais dha, cho fradharcach 's a dh'iarradh tu le seallaidhean farsaing de mhuir is tìr. Ged as e taigh bochd a bh' ann anns nach robh duine air a bhith a' còmhnaidh bho chionn fhada, agus a bha a' cur feum air tòrr a dhèanamh ris, bha an Dosan riaraichte gu leòr agus bheireadh e a dhreach fhèin air an fhàrdaich mar a b' urrainn e.

Ged a bha ceumannan beaga meata aig an Dosan cha b' e sin an seòrsa cheumannan a bh' aig eanchainn. Cha robh e riamh airson a ràdh ri phàrantan gun robh miann aige foghlam a leantainn, no ri duin' eile, mus tigeadh e gu fanaid no gu bhith a' smaoineachadh gur dòcha gun robh e mòrchuiseach. Miann a bhith an rud nach robh e. A' saoilsinn trealaich.

Ach bha e air mothachadh gun robh cùrsaichean ann an Colaiste Caisteal Leòdhais agus an ceann greis fhuair e laptop ùr an àite an t-seann fhir shlaodaich a bh' aige, ga phàigheadh an-àirde gach mìos bho bhùth ann an Steòrnabhagh.

Bha na cùrsaichean dhe gach iomadh seòrsa. Bha rud ann a thigeadh air a h-uile neach. B' e Gàidhlig agus Cultar fear dhiubh. Well, thigeadh Gàidhlig orm glè mhath, ars esan ris fhèin, ge b' e dè fèar a tha sa chultar, chan eil fios agam. An dùil an robh e caran coltach ri dualchas, far an ionnsaicheadh e tuilleadh mu na seòrsa sheanchasan a bhiodh aig a sheanair, mun t-Sàtan ann an riochd duine, no am faigheadh e mach a-chaoidh gu dè am manadh a chunnaic a sheanmhair, fear le deise dhubh agus glainneachan na sheasamh mu a coinneimh an latha ud uaireigin agus a theich mar fhaileas nuair a phriob i agus a leag i a sùil? No am beachdaicheadh iad air sgeulachdan na Fèinne, agus na h-euchdan gaisgeil a bhiodh aig na sàr Ghàidheil bho chionn mhìltean bliadhna? Bha e dhen bheachd nach beachdaicheadh. Dùisg, theireadh e ris fhèin, a bhròinein bhochd, 's e tha an sin sgeulachdan cagailte beaga bochda – abair cultar! Dualchas a' mheallaidh!

Ach cha do chuir sin stad air Dòmhnall Seumas Iain. Chuir e a-steach airson dà chùrsa-oidhche sa Cholaiste, fear air a bhith a' togail dhealbhan agus fear eile air fuaigheal. Chaidh leis san dà iomairt.

\* \* \*

Thòisich an Dosan a' dèanamh aodach do dhaoine. Sin far an do thòisich a h-uile dad a bh' ann. Ghabh e ris an fhuaigheal mar lach ri uisge. Bha iadsan a bha os cionn nan cùrsaichean le iongantas orra cho làidir agus a chuireadh e snàthad an grèim, cho grinn 's a chuireadh e loinn air fèitheam, cho taitneach 's a ghabhadh e ri brèid a chur air faileadh agus mar a chumadh e ri ruith an aodaich gu h-àraid nuair a bha e ag obair le pàtaran iomadh-fhillte. Bha e mar gum biodh e ann leis a' bhainne, eadhon ged nach robh e a-riamh air bainne a mhàthar a bhlasad.

13

Agus bha na dealbhan aige a cheart cho iongantach, mar gun robh liut aige bho riamh air mòmaid a ghlacadh a bha sònraichte ann am beatha dhaoine no am beatha àite. Chanadh tu ged a bha na dealbhan gan gabhail bho muigh gur ann a bha iad a' sealltainn dè a bha a' dol air adhart aig cridhe cùise – co-fhaireachdainn bho staigh dhan tìr, dhan fhochann, dhan adhar, dha ceum-coise an t-sluaigh is dha na daoine fhèin.

Seach gun d' fhuair e an t-oideachadh bunaiteach sin san dà dhreuchd, bha e, mar a chanadh e fhèin, well away, agus eadar a' bhùth, an làraidh, agus a' dèanamh beagan a-mach às na dealbhan, agus a shùil ri òrdughan fhaighinn airson beag no mòr de dh'aodach, gu h-àraid aodach bhoireannach, chaidh aige air a dhol chun a' Bhanca Rìoghail agus deagh iasad fhaighinn a bheireadh air adhart e chun an ath cheum.

Bha taobh siar an eilein a' còrdadh ris. Grinneas nan seann fheannagan far an do dh'obraich sluagh gu an cùl, gun an-diugh dad a' bualadh orra ach grian an t-samhraidh agus siantan a' gheamhraidh. Bha e iongantach mar a bha e a' cur eòlas air sluagh nam badan seo, mar a bha iad a' gabhail ris, ach cuideachd mar a bha e fhèin a' faighinn saorsa airson atharrachadh agus gun iomnaidh a bhith air mu dhol dhachaigh chun an aon bhrunndal.

Chaidh aige air dealbhan a chur air an eadar-lìon ri aghaidh reic, ach cha robh e ag iarraidh an t-seirbheis fuaigheil a leigeil ris an toiseach idir, ach dha daoine mun cuairt agus do dhaoine a bhuineadh dhaibh. 'S dòcha an ceann greis gum faireadh e na bu chinntiche.

B' e a' chiad rud a rinn e le cuideachadh a' Bhanca Rìoghail nàdar de sheada a thogail air cùl an taighe. Bha cothrom air a thighinn an taigh san robh e air mhàl a cheannach, còmhla ris an talamh a bha na chois. Seach gun robh an taigh cho bochd air a dhol, cha robhas ag iarraidh na bha sin air. Chuidich e fhèin ann an iomadh dòigh a' toirt an t-seada gu ìre, agus seach gun robh sùil mhath aige airson broinn àite a sgeadachadh, bha an t-aodach air am biodh e ag obair agus na dealbhan a bhiodh e a' togail air an toirt gu chèile ann an dòigh chàilear.

Nuair a dheigheadh tu a-steach dhan t-seada b' e a' chiad rud ris an coinnicheadh do shùil tapastraidh ioma-dhathach ag iathadh an ìre mhath aon bhalla gu tur. Bha dathan agus aodaich dhe gach seòrsa ann, bho thartan gu clò gu cotan gu clòimh, gu anart, gu sìoda air an amaladh na chèile.

Air a' bhalla dheas bha dealbhan, feadhainn de sheallaidhean àillidh dhen Taobh Siar far an robh e a-nis a' fuireach, feadhainn de chùl-shràidean Steòrnabhaigh agus colàidsean de dh'fheadhainn dhathach, cuid leis fhèin agus cuid bho luchd-dhealbh à tìrean eile ris an robh e a' coimhead suas. Cuntair mòr math fo sholas na h-uinneige air am faigheadh e air aodach a ghearradh, no air dealbhan a phacaigeadh, coimpiutair thall ann an còrnair eile, agus bòrd beag le dà shèithear bhog far an gabhadh daoine teatha no cofaidh fhad 's a bhiodh iad a' beachdachadh air na bha mun cuairt agus a' seòrsaigeadh an aodaich nam b' e sin an toil.

Fìor fhàrdaich, bha e dhen bheachd. Agus ged nach robh e cho dèidheil ri sin air a' ghiorrachadh a rinneadh air ainm airson an Dosan a bhith air mar ainm aithnichte, shaoil leis gun robh e furasta a ràdh an dà chuid dha Gàidheal agus Gall. Mar sin, air placa gu taobh clì an dorais, sgrìobhte air sglèat ann an litrichean glasa, bha DOSAN – PHOTOGRAPHY AND LADIES' TAILORING – TAKE YOUR PICK.

\* \* \*

Ged a bha an Dosan a' fiotadh a-steach dhan choimhearsnachd agus gun dad aig daoine na aghaidh, bha duine no dithis ann a bh' air am faiceall bhuaithe. Cha robh iad fhèin glè chinnteach carson – dìreach fear dhe na faireachdainnean neònach a gheibheadh tu an-dràsta 's a-rithist mu dhaoine, nach robh stèidhichte tric ach air aineolas. 'S e rudeigin timcheall air a' choiseachd aige a bh' ann, no timcheall air mar a choimheadadh e fo na mùdan, mar gum biodh leth-nàire air a bha a' falach dòigh bheachdail no a' coimhead tromhad. Gad fhàgail mì-chofhurtail gus am faigheadh tu cleachdte air. Neònachan, theireadh iad.

Bhon a bha e a-nis cho dòigheil, gu ìre nach robh e a-riamh, gheàrr e sìos na bha e a' gabhail dhe na Mijucs. Bha aonan sa mhadainn gu leòr, an àite nan trì air an robh e cleachdte. Bha a chuid cadail suaimhneach agus chanadh tu nach robh a' chuid coiseachd cho buileach aotrom, gun robh e air ceum na bu chinntich' a lorg.

Bha na raointean 's na beanntan a' còrdadh ris gu mòr, bha e na phàirt dhen Chomann Eachdraidh, a' frithealadh nam meadhanan corra uair, oir bha am ministear air a thighinn agus fàilte agus furan a chur air – duine ciùin, dibhearsaineach, nach robh air cuideam sam bith a chur air – agus bha e air liosta dhaoine a bha deònach a bhith ag ionnsachadh na Gàidhlig dhaibhsan a bha a' roghnachadh sin a dhèanamh nuair a thigeadh iad nan Goill an toiseach dhan choimhearsnachd. Fhuaireadh a-mach gun robh guth seinn aige, a bheireadh e bho thaobh a mhàthar, agus chuireadh e gu làidir agus sgairteil ri seinn a' choitheanail an latha a bhiodh e san èisteachd.

Agus nuair a bhruidhneadh daoine air cùl dhorsan dùinte air gu dè a chuir an taobh ud e bho cheann eile an eilein, balach òg leis fhèin, agus gun duine dhe theaghlach air nochdadh air a starsaich lem fiosrachadh-san bho thàinig e dhan tìr, cha robh freagairtean rim faotainn ach feadhainn a dhèanadh iad fhèin an-àirde aig deireadh seachdain nuair a bhiodh dramaichean a' dol agus a h-uile neach ag iarraidh a sheanchas fhèin innse. Bhiodh iad cuideachd a' cantainn aig na h-amannan sin gun robh e nam beachd-san ag iarraidh cus nuair a bhiodh e a' gearradh an fheòir, no a' cumail leasan sgiobalta. Ach dh'fheumadh e bhith beò mar a h-uile duin' eile, agus mar a thuirt Màiri a' Phutain shuas an rathad, b' urrainn dhut do uaids' a sheatadh ris.

\* \* \*

B' e duine a bh' anns an Dosan dha nach robh e furasta a bhith na thàmh, an dà chuid na inntinn no na bhodhaig. Bhiodh inntinn uaireannan a' ruith air thoiseach air agus ga dhèanamh critheanach. Cha chumadh e suas rithe. Cha robh e cinnteach an iad na Mijucs a bha ag adhbhrachadh sin, no an robh iad dha-rìribh ga chumail ceannsaichte agus na bu sholta. Dheigheadh e aig amannan chun an dotair a ghearain air rudan gun chus seagha mar amhaich ghoirt, no foinne air bonn na coise, no aon uair sgioladh air cùl na glùine. Agus chaidh aige fear dhe na turais sin air innse dhan dotair gun robh a chadal caran briste, a smuaintean mar gum bitheadh a' cur thairis mar gum faiceadh tu prais a' goil air an teine. Gun robh a h-uile boinneag a thigeadh sìos cliathaich na praise na samhla dha air rudeigin air an do rinn e dìmeas gus an cluinneadh tu iad a' dol à bith le cràdh air uachdar na stòbha. Chaidh i na chòmhradh greis mhath an latha sin, agus mar bu mhotha a lìbhrigeadh e mu thimcheall fhèin 's ann a thòisich i a' smaoineachadh gur e fear a bha seo aig an robh cogais a bha ga chiùrradh fada cus, air dhòigh 's gun robh e a' faireachdainn ciontach mu rudan beaga na beatha dha nach tugadh am mòr-shluagh dà smuain. Obair na h-inntinn dìomhain, ars ise rithe fhèin. Ach bha fhios aice nach *robh* e diomhain, gun robh gu leòr aige ri dhèanamh eadar a' bhùth, na dealbhan agus an tàillearachd. Dh'iarr i air tilleadh an ath sheachdain mura biodh e a' faireachdainn na b' fheàrr. Cha tug e guth air na Mijucs.

Ach thàinig an smuain chun an Dosain fhèin, agus e a' bruidhinn ris a' mhanagan fhad 's a bha e a' feuchainn oirre dreasa airson cuimse – dreasa shoilleir chraobhach phinc a bha Màiri a' Phutain air òrdachadh airson a bhith oirre aig banais a peathar air tìr-mòr. Ro bheag sa chaoldruim, chanadh e ris a' mhanagan, agus cus fraoidhneis mu thimcheall na h-amhaich. Cha bhi thu snog idir aig banais Babag a' Phutain. Cuiridh mi putannan annad airson teama an teaghlaich a chumail a' dol! Dè do bheachd, a mhanagain? 'S tu bhios bòidheach mus bi mise deiseil 's tu. Agus gheibh do phutanan putadh gu leòr.

Agus fad na h-ùine bha e air a chlàbhadh le smuaintean ach an dùil am bu chòir dha a bhith cho dàna agus putanan a chur dhan dreasa idir mus gabhadh iad san t-sròin e 's nach bruidhneadh iad ris tuilleadh. No an e a' phrìs a lughdachadh nan cuireadh e ann na putain sìos a' chliathaich airson stoidhle annasach a thoirt dhi air latha a' phòsaidh. 'S e seo a chur às a cheann cho luath 's a ghabhadh – ge b' e ciamar. Cha robh rùm snaoidhidh aige bho na smuaintean sin, bha e mar gum biodh glas air a thighinn air a bhuadhan nach gabhadh a fuasgladh.

B' ann bhon sin a thàinig smuain an leabhair. Tha fios a'm càit a bheil an iuchair, smaoinich e. Sgrìobhaidh mi leabhar. Bidh e mu chuideigin aig a bheil cogais a tha ro làidir airson a cholainn. Cogais cho piantail agus cho do-sheachnaichte agus a bh' ann a-riamh. Mar sin, smaoinich e, bheir mi an galar a tha seo dha cuideigin eile. Sadaidh mi a-mach e airson a bhith na adhbhar doilgheis an àiteigin eile, agus cha bhi e a' cur uimhir de dhragh orm fhìn. Cruthaichidh mi neach nam ìomhaigh fhìn, agus giùlainidh an neach sin mo chogais dhomh fad làithean mo bheatha ge b' e dè an dòigh san tig sin gu bith.

Dh'aontaich am managan. Bha deagh fhios aig an Dosan nach tuirt i facal no nach do phut i a ceann taobh seach taobh, ach dh'aithnich e bhon chleamhnas a bh' eatarra gun robh e na beachd gur e rud math a bhiodh ann. B' e sin a thug e a chreidsinn air fhèin co-dhiù. Agus *bha* e ga chreidsinn, carson nach bitheadh? 'S iomadh rud a bha daoine a' creidsinn anns nach robh dad a chron do dhaoin' eile. Ach bha seo caran eadar-dhealaichte.

'Smaoinich, a bhith dhen bheachd gun tuigeadh tu thu fhèin tro leabhar! Smaoinich air a sin, a mhanagain! Managan gòrach, gòrach, managan gòrach saighdeir … ' sheinn an Dosan dhi fo anail, agus e mionnaichte gun tàinig i steach còmhla ris airson na loidhne mu dheireadh … 'chunna mi 'g òl a-raoir thu'.

*   *   *

Shuidh an Dosan leis a' laptop aig a' bhòrd mhòr far am biodh e a' gearradh 's a' cur an aodaich ri chèíle. Cha tigeadh 's cha deigheadh facal. Cha robh dad a dh'fhios aige ciamar a sgrìobhadh e leabhar. Thòisich facail mar 'Once upon a time' agus 'Bha siud ann roimhe' a' tighinn a-steach air. Smaoinich e gum biodh an gnìomh seo gu math na bu duilghe na shaoileadh duine agus gur dòcha gun tugadh e ùine nan creach, no fiù nach deigheadh aige air idir. Bha iomadh seòrsa leabhair air an t-saoghal, bha na bùithtean leabhraichean a' taomadh leotha, air dhòigh 's nach b' urrainn dhut do leughadh a chumail air uachdar, gu h-àraid ma bha thu ag obair mar a bha esan bho mhoch gu dubh.

Shaoil leis gur dòcha gun tòisicheadh e ann am meadhan na sgeòil, gun cumadh sin inntinn an leughadair a' dol. Mura faigheadh tu air àite fhaighinn dhan leughadair am broinn an sgrìobhaidh bhiodh e a cheart cho math leigeil leis. Dh'fheumadh e ainmeannan a thoirt air na caractaran, beagan innse mun deidhinn gus an aithnicheadh an luchd-leughaidh iad, agus e fhèin cuideachd, mar an seòrsa aodaich a bh' umpa agus dath an fhuilt aca 's mar sin air adhart. Bha sin sa h-uile leabhar. 'S fhada bho mhothaich e fhèin dhan sin.

No thòisicheadh e le caractaran mun robh e air cluinntinn bho òige, agus 's dòcha beagan iomraidh air a theaghlach fhèin no daoine a bha san eachdraidh aige. Dh'fhaodadh gum figheadh e a-steach sgeulachdan teaghlaich a bha e air a chluinntinn aig a sheanair. Am fuaigheal a-steach ann am pàtaran ùr, a' cleachdadh shuidheachaidhean ris am biodh buntanas aige, ach a bhiodh air an ath-chruthachadh airson luchd-leughaidh. Beagan mu dheidhinn nàdair cuideachd; dh'fheumadh sin a bhith ann, oir bha uimhir de nàdar mu a thimcheall. 'S dòcha gum biodh facal ann air mar a bha an abhainn a' ruith sìos tron a' mhòintich, no mar a bha na feannagan an-diugh air na shaothraich daoine cho teann, cho bàn agus cho cianail. 'S dòcha mar a dh'fhalbh an sluagh a-null thairis 's nach do thill, ged a bha daoine a' fàs sgìth dhen aon nuadaran sin. Chanaist gun robh sin ro bhog 's ro phlamach, 's dòcha, agus nach robh e a' toirt spionnadh sam bith do leughadairean an là an-diugh.

Ach, ars esan ris fhèin, cus dhen 's dòcha a tha seo, dè an diofar gu dè a shaoileadh an leughadair, dalladh esan air, nan gabhadh a leithid a rud a ràdh mu sgrìobhadh.

Na seall an taobh ud no 'n taobh ud eile, leig dhut fhèin falbh le sruth nam facal 's nam faireachdainnean, agus thig thu gu ceann-uidhe air choreigin, 's dòcha fear nach saoil thu agus a chuireas iongantas ro mhòr ort.

Agus ainm? Leum an t-ainm a-mach air a bheulaibh. *An Lònan Dubh*. Bheireadh sin dha toiseach tòiseachaidh, dìreach mar a bhiodh tu a' toirt ainm air leanabh, agus à sin gun tigeadh fàs agus seanchas dhan tugaist cluas.


## An Lònan Dubh

'S ann an 1979, àm an t-samhraidh, air aiseag Staten Island an Ameireagaidh a chunnaic i an duine a bha i a' sireadh. B' e a' choiseachd aige ris na ghabh i ealla an toiseach. A dhruim dìreach gu leòr. Lorg e suidheachan agus thug e sùil mun cuairt. Chanadh tu gun robh e eòlach. Seacaid chotain gheal air agus briogais ghorm. Beagan is ceithir fichead bliadhna, chanadh i. Bata aige. Cho coltach ri mo sheanair, smaoinich i, agus ri mo chosan Dongan. An aon seòrsa coiseachd chinnteach. Eadhon ged a bha e greis latha.

Dh'èirich i fhèin agus choisich i seachad air dà uair a-null 's a-nall gun fhios nach mothaicheadh e dha samhla air choreigin a bhruidhneadh ris sa choiseachd aicese ged nach robh i ach òg. 'S math a bha fios aice nach mothaicheadh, nach tugadh e an dàrna sùil air a cuid coiseachd no air a cuid suidhe no air dad a bhuineadh dhi. An ann air aiseag làn dhaoine? Choinnich na sùilean aca airson tiotadh mar a choinnich iomadh sùil a bha air bòrd. Cha robh sin a' ciallachadh aon dad. Am priobadh na sùla bha i air suidhe ri thaobh agus air a h-aodach a chiortlachadh mu a glùinean. Cha tuirt i dùrd. Bha an t-aiseag loma-làn a' crùsadh eadar Manhattan agus Staten Island. Bha i toilichte gun deach i oirre. Còig sants. Sin agad dùthaich. Beagan is gròt, mar a chanadh na seann daoine.

'Nach e an t-aiseag seo tha saor?' thuirt i ris ann am Beurla Leòdhasach, oir cha robh aice ach sin agus a' Ghàidhlig agus bloighean Fraingis a thog i san sgoil.

'M-m-m,' ars esan agus e ga dearg choimhead.

Anns na facail mhothaich i gun robh sgarfa thartain air.

'Dè an cinneadh dha bheil an tartan sin?' ars ise, fhathast sa Bheurla, agus i dhen bheachd gun canadh e Mac air choreigin.

'Buchanan,' ars esan. 'Ò,' ars ise, fhathast sa Bheurla, 'bha dùil agam gur e Mac air choreigin a bhiodh ann.'

Ò, a rìgh nan dùl, ars esan sa Bheurla ris fhèin.

'An e Bochanach a th' annaib' fhèin?' ars ise. Cha do fhreagair e sin idir. Shaoil leis gun robh i a' tighinn ro fhaisg ro luath. Ro dhàna uile-gu-lèir. Ge b' e carson. Ge b' e gu dè a bha fa-near dhi. Ach ò, an guth! Ò, ò, ò ...

An ceann greis, 'Chan e Ameireaganach a th' annadsa?' ars esan. 'An e Ueilseach?' Bha e airson a cur far na slighe, gun fhios gu dè a bh' air a h-aire.

'Albannach,' fhreagair ise.

'M-m-m-m' a-rithist.

'Sibhse?'

'Ameireaganach, gu mo chùl.'

'Bidh sibhse eòlach air an aiseag seo. Chan eil mise air a bhith oirre a-riamh ron seo. Smaoinicheadh sibhse, còig sants.'

Bha an duine a' fàs teann air a thaobh staigh. Bha e greis latha agus bha e iomagaineach. Cha do chòrd an iomagain ris, oir bha dùil aige gun robh e air sin a cheannsachadh bho chionn fhada. Bha an ceòl a bha sa Bheurla aice ga leòn facal air an fhacal ged a bha e fhathast calma na sheann aois. Cha robh dùil gur ann an seo a thachradh e ri a leithid. Ged a bha i a' cur feagal air, bha e ag iarraidh an tuilleadh dheth. Agus an tuilleadh. Cha robh e riamh air crònan a' chànain a chluinntinn an taobh ud dhen t-sàl.

Cha do shaoil leis gum biodh a' Bheurla ga bruidhinn mar siud fhathast aig òigridh, mar gum biodh tu a' seinn. Iadsan a bu shine – well, bha sin eadar-dhealaichte. Mar gum biodh tu a' cur a-mach na loidhne. Ha! An loidhne! Cha deach aigesan a-riamh air fuireach ann an loidhne sam bith, ged nach robh ann dheth ach fear san t-sreath. Cha robh e air mothachadh a-riamh gun gabhadh a' Bheurla a bhith cho bòidheach le blas an uisge shamhraidh agus na mòintich agus nan lochan beaga. Tobhta Craobhaig, ars esan ris fhèin, agus e a' dol air ais, air ais, air ais. Ach an ceòl, an ceòl, an ceòl sa ghuth. Bha esan air a bhith beò dha Tobhta Craobhaig. A' poidseadh, na shìneadh san fhraoch agus eunlaith an adhair a' ceilearadh. Saoghal eile, ach fear ris nach do dhealaich a chuimhne. Amannan a bu chòir a bhith air gabhail seachad. A guth a' togail solas na eanchainn mar bu mhotha a chanadh i.

Cha robh an t-aiseag a' toirt ach mu leth-uair. Chùm i oirre. 'Bheil sibh tric air an aiseag?'

Cha do fhreagair e. Cha robh aige, smaoinich e, ri bhith a' freagairt a h-uile ceist a bha a' spideag bheag seo a' feuchainn air mar gun robh còir aige bhith umhail dhi. ''Eil thu fhèin tric oirre?' ars esan, gus an cluinneadh e a' Bheurla mhilis aice a-rithist.

'Seo a' chiad turas agam. Thig mi oirre nas trice
tuilleadh – chan eil i ach còig sants. Chan eil duine
nach lorg còig sants. An ann an Staten a tha sibh
a' fuireach?' thuirt i.

'Nach tu tha dèidheil air a bhith a' bruidhinn!
Agus a' cur cheistean! Dè dhutsa? Bha dùil agam gun
robh na h-Albannaich na bu chiùine na sin. Na bu
shocharaiche.'

'Sibh,' ars ise, 'a th' air ur mealladh. Tha mise gu
math ciùin ach 's ann nuair a thogras mi fhìn!'

'An e journalist a th' annad? Tha thu faireachdainn
coltach ri tè dhiubh sin. Seann duine mar mise, chan
eil dad agam dhut. Aon dad. Cha tu Mary MacKillop?'

'Cha mhi.'

'Ma-thà, bidh ise a' dèanamh agallamhan ri seann
daoine airson nam pàipearan beaga gleansach.'

Cha b' urrainn dhi a' bhreug innse dha, ged a lùig i
gum b' urrainn. Bha sradag ann dìreach mar a h-athair,
ach an t-sùil chiùin ud gad choimhead eadhon ged a
dheigheadh an t-sradag gu lasair.

'Ma thig sibh còmhla riumsa gu copan,' ars ise, 'aon
uair 's gum faigh sinn air tìr, innsidh mi dhuibh cò mi.'

'Ach, cha tig,' ars esan. 'Tha mise glè mhath. Chan
eil mise ag iarraidh a bhith air mo chur mun cuairt
agus chan eil feum teatha orm. Tha mi dìreach ag
iarraidh a dhol dhachaigh gu mo chagailt fhìn. Na gabh
dona e, ach cha bhi duine ag iarraidh càil a th' agamsa.
'S dòcha nach tu Mary MacKillop, ach tha reumhag
sgrùdaidh annad airson adhbhar air choreigin.'

Agus le sin thaom an sluagh a' dèanamh deiseil
airson faighinn gu tìr agus cha robh aice dheth ach
a' bhriogais ghorm agus na brògan canabhais a' dol
a-steach a thagsaidh agus a' dol à sealladh, agus esan
le ceòlraidh na Beurla Gàidhlig air blàths a thoirt gu
chridhe ach beagan cuideim gu cholainn.

## An Dosan

Nuair a choimhead an Dosan an ath latha ri na bha e air a sgrìobhadh, bha pàirtean nach do chòrd idir ris. Leugh e dhan mhanagan e. Cha b' e gun tuirt ise guth, ach shaoil leis gun robh i a' leigeil gnùsta fèar sna h-àiteachan san robh e fhèin a' dèanamh an dearbh rud.

Thòisich e a' gabhail dha na pàirtean sin mar gum b' eadh le sgeilb is òrd, a' gluasad clach an siud 's an seo, no mar gum biodh e a' leagail fèitheam a bh' air a dhol ceàrr no putan a bh' air a dhol a-mach à àite. Seoba na croich. Rinn e an-àirde inntinn gun robh e a' dol a leigeil dhan chòmhradh falbh leis – cha robh a' dol aige air cumail ri pàtaran mar a bha dùil aige. Bheireadh luchd-ceannach dha tuairmse air dè bha iad a' sireadh airson nan dreasaichean, ach bha seo ceum air adhart. 'S ann a bha seo a' tighinn bho chùl a chinn no àiteigin dhe leithid, agus bha e a' tòiseachadh a' dèanamh dragh dha inntinn.

'Tha mi,' ars esan, 'mas urrainn dhomh, a' dol a leigeil riag lem inntinn air cho annasach 's gun tionndaidh an leabhar seo a-mach air a' cheann thall.'

Agus ghluais am managan a ceann, shaoil leis. Fios math aige a-nis gur e gabhail roimhe.

## An Lònan Dubh

B' ann an ath sheachdain, air an aon seòladh, a chaidh i air an aiseag a-rithist.

Bha thusa, a laochain, oirre cuideachd. An sgarfa mu amhaich. Siud i a-null ri thaobh. Nach ann aice bha beag ri dhèanamh, smaoinich e, na bu lugha na gun robh adhbhar aice bhith null 's a-nall. Cha robh e idir cinnteach nach b' e tè òg a bh' innte a' sireadh co-chomann ris gun fhios nach robh airgead aige – an rud nach robh, glòran ruadh ach na dh'fheumadh e airson a chumail cofhurtail mar bu chòir. Sin agus a thaigh teaghlaich an Staten, chumadh e ris math gu leòr. An taigh sna thog e a' chlann no far an do thog iad iad fhèin airson greiseag.

Thàinig i far an aiseig còmhla ris, mar a rinn i an turas eile. 'Cofaidh?' ars ise. Well, dè bhiodh ceàrr air copan cofaidh co-dhiù? Ach gu dearbha cha robh e a' dol ga leigeil an taobh a bha an taigh agus cha robh e idir a' dol a fhreagairt cheistean pearsanta; chumadh e iad sin aig astar. Bhiodh Gordon a mhac an-còmhnaidh ag ràdh ris gun robh e cho dùinte ri bàirneach, nach fhaighist a-mach dad mu dheidhinn.

Bha làn-fhios aice gun robh an duine ceart aice, agus bha e fhèin a cheart cho cinnteach nach b' ann a-mhàin à Alba a bha ise ach à Leòdhas. Turchairt, ars esan ris fhèin. Tha a' bheatha a tha seo làn thurchairteasan. 'S e a dòigh-còmhraidh a bha ga toirt an-asgaidh.

Thòisich e a' smaoineachadh às dèidh dhaibh suidhe airson a' chofaidh gur dòcha nach b' e rud cho buileach garbh a bhiodh ann conaltradh a dhèanamh rithe, bruidhinn airson a' chiad uair ann an iomadh bliadhna ri tè dhe seòrsa. Toileachas na sheann aois. Rinn e an-àird' inntinn gun innseadh e dhi a h-uile càil – no faisg air co-dhiù. Cha bhiodh duin' uair sam bith ag inns a h-uile càil. No ann am bloighean mar a chitheadh e iomchaidh. Dè an dòlas an diofar? Sgup a thoirt dhi agus i cho tarraingeach.

Well, thuirt e ris fhèin – here goes! 'An aithne dhut àite air a bheil Tobhta Craobhaig?' Agus sin ann an Gàidhlig shoilleir ged nach robh e air a bruidhinn bho chionn àibheis. Cha robh sin ag ràdh nach robh e a' smaoineachadh innte tric gu leòr. Bha dùil aige fhèin gun robh e air a dìochuimhneachadh. Cha robh buileach fios aige gur i a bhiodh e a' bruidhinn ris fhèin bho àm gu àm. 'S e a' bhruidhinn a bha a' cunntadh, cha b' e an cànan. Stad i cruaidh. Cho cruaidh ri cruidh eich.

'Seo dhut,' ars esan, 'cha robh dùil agad ri siud!'

'Bha agus cha robh,' ars ise, le plac na broilleach.

Cha robh i airson a ghreasad no feagal a chur air, ach bha an taobh caomh ris agus gàire air aodann. Mu dheireadh thuirt i, 'Cha robh mi riamh ann, ach chuala mi an t-ainm.' Agus sin sa Ghàidhlig cuideachd.

'Ciamar a chuala tu mu dheidhinn? Inns dhomh. Siuthad. Ciamar an-dràst' a chuala tu mu dheidhinn? Càit an cuala tu 'n t-ainm? Carson a chuala tu mu dheidhinn? Dè bhathas ag ràdh mu dheidhinn?' A' Ghàidhlig a-nis a' sgaoileadh agus a' toirt cinnt dha. Air ais na bhalach òg. Tìr an fheagail.

'Cò th' annad?'

'Trish. Tha mi 'n càirdeas dhuibh. Ogha Ùisdein ur bràthair – nighean Peigi aca.'

'Seadh?' Glèidh mi, ars esan ris fhèin.

'Seadh,' ars esan a-rithist, 's a ghuth air a dhol ìosal. 'Bha esan air an fheadhainn a b' òige. Chan eil fhios a'm air dad mu dheidhinn. Gann gu bheil eadhon cuimhn' agam air.'

'Tha mi 'g aithneachadh gur sibhse Aonghas bràthair Ùisdein – gur sibh bràthair mo sheanar.' Cha do fhreagair e sin idir.

'A bheil do sheanair beò?' ars esan agus fiogar dòchais na ghuth. Seòrsa de shèideadh gaoithe a ghabhadh seachad.

'Chan eil.'

'Nach annasach an saoghal,' ars esan, ''s na caran a chuireas e.' Sheas e. 'Tha mi a' dol a bheirtinn air làimh ort. Seadh, càirdeas! Cò aige riamh a bha dùil? Air an taobh seo dhen t-saoghal! Tha thu air a' chùis a dhèanamh orm. Gabhaidh sinn tè bheag! Am bi sibh ag ràdh siud fhathast? Tè bheag!' Lachan bhon dithis aca.

'Dh'fheuch mise ri uisge-beatha a dhèanamh, latha dha robh mi,' thuirt e, 'ach bha mi an sàs ann an gu leòr rudan eile 's leig mi seachad e. Bha e a-riamh a' cur gaoir nam chnàmhan agus a' toirt susbaint dhomh a bhith air oir rudan nach robh ceadaichte. Ann an dòigh 's e rud cruthachail a bh' ann. Mar peantadh, no sgrìobhadh. Am bi thu fhèin a' faireachdainn mar sin uaireannan?'

''S dòcha,' fhreagair i.

'Dè an obair a th' agad co-dhiù, a tha a' leigeil dhut a bhith falbh 's a' tighinn mar seo air an aiseag?'

'Well,' ars ise, caran diùid, ''s e journalist a th' annam de sheòrsa, ged a thuirt mi nach b' e. Tha mi ag obair dha iris-ràitheachan. Nàdar de roving commission agam thairis air trì bliadhna.'

'Cò airson?' dh'fhaighnich e.

'Coinneachadh ri daoine agus inneas a dhèanamh air am beatha, no dhol a dh'àiteachan annasach agus sgeulachd le car innse mun deidhinn. Tha agam ri bhith a' cur seanchas air choreigin a-steach a h-uile sia seachdainean – an seòrsa rud a tha Mary MacKillop a' dèanamh dhan iris dha bheil i fhèin ag obair.'

'Bidh mi fhìn a' leughadh Mary MacKillop,' ars esan. 'Ach chan eil mi air dad a leughadh dhe na sgrìobh thusa. Bheil thu a' sgrìobhadh fod ainm fhèin? Dè an sloinneadh a th' ort co-dhiù?'

'Moireasdanach mar sib' fhèin. Tha fhios gur h-e Moireasdanach a bha nam mhàthair bho thùs, ach 's e Moireasdanach a phòs i cuideachd.'

'Tha mi 'n dòchas, ma bhruidhneas sinne, nach bi

agam ri dad dhe na chanas mi riut ann am mòmaidean
na laigse a leughadh a-chaoidh. Nach leigeadh tu sìos
mi eadhon ged a bheireadh tu ainm eile orm agus mo
chur a dh'àit' eile. Chan eil mi a' dol a thoirt a' chòrr
dhut. Cuiridh mise geall nach eil thu air do sheanchas
fhèin innse dhòmhsa coileanta a bharrachd.'

Daisit, ars ise rithe fhèin, carson a dh'inns mi 'n
fhìrinn dha?

'Tha e mar seo,' thuirt i. 'Dh'fhaodainn a bhith air
a' bhreug innse dhuibh. Dh'fhaodainn a bhith air a ràdh
gun robh mi ag obair ann an oifis ann am Manhattan,
no gun robh mi air a thighinn a-steach air airgead a
leigeadh dhomh tide a ghabhail dheth nuair a thograinn
fhìn, no ràbhart air choreigin a chur ri chèile. Dh'inns
mi an fhìrinn. Chan ann mu dheidhinn na h-iris a tha
seo idir, 's ann a tha e mu ar deidhinn-ne. Tha gu leòr
agamsa a thèid dhan iris. Fhuair mi an obair seach gur
e Albannach a th' annam, gus am b' urrainn dhaibh
a ràdh gun robh sgrìobhadair boireann Albannach
acasan cuideachd. Ach a bharrachd air sin,' thuirt i le
beag no mòr de dh'uaill, ''s math as aithne dhomh pìos
a chur ri chèile agus faighinn a-steach air daoine air
dhòigh 's gum bi an sgeulachd aca air a h-innse ann an
dòigh tharraingeach. Chan e a-mhàin gu dè a th' aca ri
ràdh, ach an dòigh sam figh thu ri chèile na chanas iad.
Ceann agus casan a chur air a' chùis.'

Bha sàmhchair eatarra airson deagh ghreis. Gluasad
chas, togail cheann, bìdeadh chluas. Chuir i a làmh air
a ghlùin. 'Chan eil duine a' dol a chluinntinn mun seo,
Aonghais – duine beò. Idir, idir. 'S dòcha nam faicinn
fhìn oghaichean, latha dham biodh an saoghal. Thèid e
dhan t-sloc dhubh ann am bonn na h-inntinn.'

*　　*　　*

'Thàinig mise a-mach an seo,' ars esan, 'bho chionn fhada, nuair a bha mi glè òg. Theich mi, mar a chanadh iad, le mo bheatha. Bheil thu a' tuigsinn dè tha sin a' ciallachadh?'

'Tha, tha. Cumaibh oirbh.'

'Chan eil,' ars esan, 'a' Ghàidhlig agad cho dona! Ach 's e a tha ceòlmhor a' Bheurla agad!' An aon lachan eatarra a-rithist. Bannan gan togail. Ruith na fala.

'Bha geamair air a làmh a chur na bheatha a-muigh ann am bothaig air a' mhòintich. Bha e air gunna a tharraing air fhèin. Nuair a lorgadh e bha e ceangailte ri ransaichean na leapa agus e na shuidhe an-àirde innte. Bha e air a h-uile dad a chur an òrdugh air dhòigh 's gum falbhadh an gunna le breab dhe chois. Well, sin dìreach mar a thachair. 'S e Pàdraig, balach à baile eile, a lorg e mu sheachdain às dèidh sin. Chaidh an ceòl air feadh na fìdhle. Cha robh duine a' tuigsinn carson a dhèanadh an geamair a leithid de rud – duine calma làidir bhon tìr-mhòr dham b' urrainn a bhith air làimhseachadh a thoirt air fear sam bith a dheigheadh na chràic. Agus ciamar a chaidh aige air e fhèin a thargaideachadh ann an dòigh a thionndaidh a-mach a bhith cho iomchaidh.

'Bha mise nam phoidsear mar a bha na balaich eile, agus às dèidh dha gnothaichean a thighinn gu na h-uimhir de shìth, thòisich mi a' gabhail feagal eadhon ged nach bu mhise a dh'adhbhraich an suidheachadh a bharrachd air duine sam bith eile. Bha a h-uile smuain a bha nam cheann gam dhèanamh ciontach 's gam lìonadh le dìorras. Mi fhìn làidir calma cuideachd, agus gum faodaist càil a chur às mo leth, oir thòisich daoine ag ràdh gur dòcha gur e a mhurt a chaidh a dhèanamh. Bha mi ag obair air a sin nam inntinn a h-uile h-uair a bh' air an uaireadair, gus mu dheireadh gun tug mi a chreidsinn orm fhìn gur e mise a chuir às dha ged a bha fios a'm nach bu mhi.

'Bha sin, am measg rudan eile, na adhbhar gun tàinig mi dhan rìoghachd seo. Bha e air cùl m' inntinn gun tillinn uaireigin a dh'fhaicinn m' athar 's mo mhàthar. A bharrachd air sin, cha robh mi ag iarraidh a bhith a' cur seachad mo bheatha a' cairteadh salchar na bà agus an eich, a' cur a' bhuntàta agus a' treabhadh. Bha an còrnair ud dhen t-saoghal, brèagha 's gun robh e, air toirt orm sgur a dh'fhàs. Tha fhios gun robh rudan taitneach ann, ach feumaidh fear sealltainn a-mach air a shon fhèin. Bhathas a' dùileachadh gum falbhadh tu – bhathas gad thogail le sin san amharc. Dèanamh gu math agus a bhith onarach, ach do chòraichean a sheasamh. Gun duine làmh-an-uachdair fhaighinn ort. Do thàlantan a chleachdadh. Fàs a dhèanamh!

'Bha ochdnar a theaghlach ann, agus cha bhiodh cus ionndrainn air aonan sna làithean sin ged a bheireadh e a chasan leis agus nach tilleadh. Cha do sgrìobh mi dhachaigh a-riamh agus ghlas mi mi fhìn air falbh an Eilean Staten an seo ag obair aig priontar a latha 's a dh'oidhche fad mo bheatha. Abair fàs! Thug iad air mi agus dh'ionnsaich iad fhèin an dreuchd dhomh. Fhuair mi eòlas air an dòighean agus bha iad math dhomh. Thug iad dhomh àrdachadh gus mu dheireadh gun robh mi os cionn meur dhen ghnìomhachas agus 's mi cuideachd a bha a' càradh nan innealan aca nuair a dheigheadh dad ceàrr. Bha làmh mhath agam a-riamh le innealan.

'Dh'fhalbh mi le suigeart nam cheum agus thuirt mi rim athair 's mo mhàthair gum bithinn air ais agus gun mo dhìochuimhneachadh! Thuirt esan rium sgrìobhadh. Cha robh sgrìobhadh aicese idir. An corr' uair a bhiodh sgrìobhadh aigesan ri dhèanamh, bha e a' cur impidh

oirnne a bhith sàmhach fhad 's a bha e na shuidhe
aig a' bhòrd le pada-sgrìobhaidh air muin a' Bhìobaill
agus botal beag oinc agus peann. Duine ùghdarrail. Ise
solt agus rianail, ach òrdaichte. Geur cuideachd. B' i a
dh'fheumadh ann an taigh beag bochd le teaghlach mòr
gun ghoireas air talamh. 'S tric a smaoinich mi oirre, gu
h-àraid an toiseach – rèite na dachaigh – agus a bhitheas
fhathast, ach 's ann fìor chorr' uair – mar a dh'fhalbh
mi agus mar nach do chuir mi riamh dhachaigh fiach
putain 's maite bhiodh air a beatha a shocrachadh.
Chluinneadh tu mu dhaoine eile a bha a' falbh agus
a' cur dhachaigh achlasan an ceann gach greis a bha
na chuideachadh mòr. 'S dòcha gun do rinn fear eile
dhem bhràithrean sin. Aig Sealbh tha brath. Chuireadh
iad feum air an àite a thoirt air adhart – faighinn air
falbh bho bhith gan cofhurtachadh fhèin am measg
nam beathaichean 's a bhith a' trod am measg a chèile.
Ceathrar bhalach agus ceathrar nighean, cha robh sin
furasta ann an taigh. Deichnear a' falbh 's a' tighinn às
an t-seann dachaigh, agus beachdan làidir aig a h-uile
duin' aca. Saoilidh mise gun robh cinn mhath oirnn.
Cha b' e gun tuirteadh sin rinn.

'Bhiodh sinn a' gabhail brath air an tidsear san sgoil,
ag èigheach 's a' miastadh 's uaireannan a' droch-cainnt.
Bhiodh fear às an ath bhaile a bha lag na inntinn
a' tighinn a shuidhe aig ceann fuirm gar n-èisteachd
's bhiodh sinn a' sadail neòlagan a' bhuntàt' air mun
cheann airson a shàrachadh agus gus an tarraingeadh
sinn buaireadh leathase. Chan fhacas a-riamh a dhà
leithid ann an ionad foghlaim! Bha an t-àite gun cheann
gun chasan. Mura bitheadh àmhailtean dhen t-seòrsa
sin, bhiodh againn ri bhith ag ionnsachadh liostaichean
fada de dh'aibhnichean na Roinn Eòrpa, a h-uile rìgh
a bh' ann a-riamh agus bàrdachd Burns! Bha 'Tam o'

Shanter' agamsa air mo theanga bho thùs gu èis! Agus *Leabhar Aithghearr nan Ceist*. Bha mi a' tuigsinn 'Tam o' Shanter' – iongantach! Ach *Leabhar Aithghearr nan Ceist* – cha dèanainn stuth dheth! 'S ann sa Gàidhlig a dh'ionnsaich mi an aibidil – A, àth-thìridh, B, bròg mairt, C, crò chaorach, D, dul spaid … tha an còrr dheth air a dhol às mo chuimhne. Tòrr feum a rinn e dhomh! Bha A for apple againn cuideachd, sinne nach robh air ubhal fhaicinn a-riamh!

'Tha e tòrr nas fhasa dhomh smaoineachadh air an tìr. Eilean an Fhraoich, mar a theireadh iad. Chuir mi mo phaca air mo dhruim an latha ud agus chuir mi mo chùlaibh ri gach ploc dhen fhearann. B' e an aon latha a-riamh a dh'fhairich mi an staran fada. Beagan airgid nam phòcaid a fhuair mi bho bhith a' cartaireachd ann an Steòrnabhagh. Choisich mi na deich mìle a Steòrnabhagh agus thug mi às air an aiseag an oidhche sin fhèin. Cha robh an teaghlach gu lèir aig an taigh co-dhiù. Cha do choisich duin' aca a-mach an staran na mo chois. Fiù m' athair. Bha agad dìreach ri dèanamh air do shon fhèin. A-mach am put.

'Cha robh dad agam a bhuineadh dhaibh – nithean. Dad ach mo smuaintean. Cha robh dealbhan gan gabhail cho bitheanta sna làithean sin mura tigeadh cuideigin dhachaigh aig am biodh camara. 'S ann air sgàth sin a tha mo chuimhne orra cho sgleòthach, 's gann gu bheil i idir ann. Mar a chaidh na bliadhnachan seachad, cha bhiodh iad a' tighinn a-steach orm mòran sam bith. Dh'fhaodadh gun do chuir iadsan mise à cuimhne cuideachd. Am biodh tu a' cluinntinn guth?'

'Well, cha bhitheadh, ach fèar gun robh ur leithid ann. Cha chuala mi aig duine a-riamh mun gheamair ach aig m' athair – aon uair. Thuirt e gun do dh'fhalbh sibh aig àm a' gheamair. Agus Seonaidh Dùsain

cuideachd. Thill esan, ach 's ann a Ghlaschu. Bha e
a' cur bochdainn air a h-uile duine a bha am broinn an
taighe nach cual' iad a-riamh bhuaibh. "Mura biodh e
beò, chluinneadh sin." Tha e coltach gur e sin a bhiodh
iad ag ràdh. Ged a bha ochdnar agaibh ann, bha an àite
fhèin aig gach duine. 'S bha an t-àite agaibhse falamh.
Sin a tha e coltach a bhiodh ur màthair ag ràdh. "Ged
tha còrr is an dàrna leth air falbh, tha àit' agam dhaibh,
ach dìreach Aonghas bochd."

'Seadh, thill Seonaidh Dùsain a Ghlaschu! 'Eil fhios
an tàinig e dhachaigh gin a thriop?'

'Chan eil fios agam. Chan eil mise a' cumail suas ri
na rudan sin. Chuala mi gur e duine meata a bh' ann,
furasta a thoirt a thaobh. Gu h-àraid nam biodh
cuideigin làidir beachdail a' gabhail seilbh air.'

'Dh'fhalbh e seachdain no dhà mus do dh'fhalbh
mise. Aon uair 's gun do rinn e sin, bha e cho math
dhòmhsa teiche cuideachd. Shaoilinn an latha ud
a-mach an staran gun robh sgiathan air fàs orm agus
m' aigne air grèim a ghabhail air taobh thall raointean
a' bhaile, aotromachd mo cheum gam chumail air an
t-slighe, cha mhòr nach robh mi nam ruith eadhon
ged a dh'fhairich mi an staran fada. 'Eil fhios agad,
's urrainn dha grunnan smaointean a bhith a' gleac ri
chèile nad inntinn aig an aon àm.

'Chan eil fios a'm gu dè a chuir a Staten mi. Bha mi
faiceallach leis a' bheagan airgid a bh' agam agus bha
làithean a bha mi gu math acrach. 'S ann am Buffalo a
stad mi an toiseach. Fhuair mi obair air tac an sin, agus
thog mi an srann còmhraidh aca ann an ùine ghoirid.
'S e a bha a' còrdadh rium, a bhith nam Ameireaganach!
Agus tha fhathast!

'Thachair mi ri Ivy ann am Buffalo. Bhiodh i a' toirt
mo mhàthar a-steach orm. Bha balach is nighean

againn. Bha ise ag obair an taigh-òsta ach leig i sin seachad airson an teaghlach a thogail. Sin a bha na boireannaich a' dèanamh sna làithean ud. Gordon mo mhac, 's ann an Canada a bha e nuair a chuala mi mu dheireadh. Cha bhi mi a' cluinntinn bhuaithe cha mhòr uair sam bith. Tha e air sgeul a chall air Erica Morag Anne, chan eil fios a bheil i beò no marbh. Chanainn gum biodh e air cluinntinn agus air innse dhomh nam biodh fiosrachadh aige ma bha dad air èirigh dhi. Ann an dòigh 's math an naidheachd a bhith gun naidheachd idir. Nas lugha na gun do dh'iarr i air gun a bhith ga h-ainmeachadh dhomh.

"Eil fhios agad nach do bhruidhinn mis' a-riamh ri Ivy no ri Gordon agus Ema mum dheidhinn fhìn. Ema a bhiodh againn air Erica Morag Anne, le 'e' fhada, mar gun canadh tu "ìm". Cha mhòr gun robh fios aca air càil mum dheidhinn-sa. Eadhon Ivy fhèin, cha robh tòrr ùidh aice sna rudan sin, 's e chanadh i gu dè an diofar cò às a bha thu fhad 's a bha thu deusant ri do cho-chreutar. Bha fios aca gum buineadh mo chuideachd do dh'Alba sna linntean a dh'fhalbh. Well, 's e an fhìrinn a bha sin! Cha robh miann sam bith agamsa co-dhiù a bhith a' cur uallach ghinealach air an guailnean. Tha mi creidsinn nam faighnicheadh tu dha duin' aca cò às a bha mise gun canadh iad gun robh à Eilean Staten, 's tha sin ceart ann an dòigh. Chanadh Ivy gun robh mi à Buffalo. Cha do dh'ainmich mi eilean Leòdhais no a' Ghàidhealtachd dhaibh a-riamh. Nuair a tha clann òg, chan eil ùidh sam bith aca ann an càirdeas. 'S ann a tha sin a' tòiseachadh leis an aois.

"S e an aon rud a rinn mi gum bithinn a' feadalaich fonn dhaibh a h-uile h-oidhche Shàboind mus deigheadh iad a chadal. 'S e "Morag's Song" a bh' againn air. Tha mi creids' nach cuala tu riamh "Tha mis' air uisge

'n lònain duibh is bainn' a' chruidh aig Mòrag"?'
Cha tuirt Trish càil ach gun thòisich i a' cur a-mach
na loidhne:
'Tha mis' air uisge 'n lònain duibh,
Tha mis' air uisge 'n lònain,'

agus siud iad nan dithis còmhla a' togail an fhuinn:

'Tha mis' air uisge 'n lònain duibh,
Is bainn' a' chruidh aig Mòrag.
Bainn' a' chruidh aig Mòrag dhuibh
Is bainn' a' chruidh aig Mòrag –
'S tha mis' air uisge 'n lònain duibh
Is bainn' a' chruidh aig Mòrag.'

Agus bhuail muinntir a' chafaidh an làmhan ri chèile
agus dh'èigh iad 'More, more!' mus do thòisich iad ag
obair air ais.
'Sin agad mise an seo air mo dhlòth, a-null 's a-nall
air an aiseag seo ach am faic mi cò a chì mi! Grunnan
làithean san t-seachdain, chan eil fios cia mheud latha
sa bhliadhna. Ann an dòigh, tha an t-aiseag air a dhol
na dhachaigh dhomh, tha mi a' faicinn agus a' dol an
còmhradh tòrr dhaoine, agus aig amannan eile tha e
dìreach a' còrdadh rium a bhith am measg an t-sluaigh,
ach leam fhìn. A shamhradh 's a gheamhradh, gun
fhiaradh gun innealadh – sin agad mise.'

## An Dosan

A h-uile uair a dheigheadh an Dosan air ais chun an leabhair, bha e
ga leughadh bho thùs gu èis, uaireannan dha fhèin agus uaireannan
dhan mhanagan. Aig amannan, nam biodh e greis gun a dhol

thuige, cha bhiodh cuimhne choileanta aige air gu dè dìreach an ìre aig an robh e.

'À,' ars esan, 'nach mi a tha toilichte gun d' fhuair mi grèim air an dithis aca a' gabhail "An Lònan Dubh" còmhla.'

An Dosan fhèin an uair sin ga ghabhail fo anail agus a' màirdseadh a-null 's a-nall, sìos is suas airson an ruitheam a ghleidheadh mar sheòrsa de channtaireachd air ceòl pìoba. Nach mi a bha nam phìobaire, smaoinich e, sgeadaichte san èideadh Ghàidhealach, a' màirdseadh air beulaibh rìghrean is uaislean leis a' cheòl ga sheinn gus am biodh na beanntan fhèin ag èigheach air ais mar mhac-talla bho na linntean a dh'fhalbh. Fear eile dhe na rudan nach bu dùraig dha a-riamh a bhith air leigeil ris fhad 's a bha e aig an taigh. 'S e sin a thug air a dhol chun an eadar-lìon agus feadan òrdachadh, gun fhios nach deigheadh aige air beagan eòlais a chur air cluich.

Sa bhùth bha ceòl pìoba a' dol gun abhsadh, CDs a' tighinn air a' phost gach seachdain agus iomadh leabhran mu bhith ag ionnsachadh mar a làimhsicheadh tu feadan. Obair aonaranach, a cheart cho aonaranach ri bhith a' sgrìobhadh *An Lònan Dubh*, no a bhith a' toirt leasachadh air dealbhan ann an rùm dorch.

Cha robh e fada gus an do theann e a' smaoineachadh ach an dùil am bu chòir dha feadan no pìob-chiùil a thoirt a-steach dhan *An Lònan Dubh*. Carson nach dèanadh e pìobaire de dh'Aonghas, agus gum biodh e fhèin agus Trish a' cluich còmhla? No de Ghordon? No de dh'Ema? Well, carson?

Aidh, 's e sin a dh'fheuchadh e. Ach feuch agus feuch … agus feuch.

'Na bi a' gabhail gnothaich riumsa,' ars Aonghas, 'gnothaich sam bith. Innsidh mise mo sgeulachd fhìn dha Trish nam dhòigh fhìn, chan ann nad dhòigh-sa. Tha Trish a' leigeil leam mo sgeul a lìbhrigeadh, chan ann mar thusa, a' feuchainn ri innse dhomh gu dè a chanas mi agus gu dè a smaoinicheas mi, agus a-nis a' gabhail ort gun cluichinn-sa pìob-chiùil, dìreadh seach gun thòisich thu fhèin a' gabhail fansaidh dhi. Tha mise air earrainn dhem bheatha a thoirt a' gluasad nam sholas fhìn agus a' gabhail ri cùisean mar a tha iad. Thoir èisteachd dhomh, a Dhosain. Ge b' e gu dè a nì thu dhìomsa, cha bhi do sgrìobhadh ach mall, mura leig thu dhomh nam dhòigh fhìn. Agus dha Trish. Airson na dithis eile, well, chan eil mise eòlach orra an-diugh.'

Agus airson guth Aonghais a bhòdhradh agus a chumail na thost, dh'èireadh Dòmhnall Seumas Iain agus mhàirdseadh e a-null 's a-nall, a' toirt an fheadain às a bheul agus a' cantainn facal no dhà ris a' mhanagan san dol seachad. Facail nach robh e fhèin a' tuigsinn ach mu làimh.

Thàinig an latha, mu dheireadh, far an robh na guthan cus dha, agus a ghabh e air a dhol a-mach air beulaibh an taighe leis an fheadan. Thàinig nuallan mar langanaich fhiadh às an toiseach, a thug air na h-iseanan beaga teicheadh lem beatha. Ach 's ann a dh'fhàs an Dosan na bu chinntiche agus e a' toirt air an fheadan a' chiad loidhne dhen 'An Lònan Dubh' a sheinn le sgread.

'Air gur tu a rinn e no nach tu, Aonghais, tha an aon sgread ri chluinntinn 's a bh' aig a' gheamair Bhochanach a-muigh air a' mhòintich an oidhch' ud goirid mus do dh'fhalbh thu fhèin agus Seonaidh Dùsain. Innsidh mise do chuid sgeòil san dòigh a thogras mi fhìn. Mas breug bhuam e, is breug thugam e. Tha thu a cheart cho càirdeach dhòmhsa 's a tha thu dha Trish. Agus tha mise gu math nas eòlaich ort, a bhleigeird, an seo nad chois a latha 's a dh'oidhche a' feitheamh ri dè an ath leum a tha thu a' dol a thoirt asad. Tha thu càirdeach dhan a h-uile duin' a tha sa bhaile seo agus anns a' bhaile an siud, pìos dhiub' fhèin a bha ri mì-mhodh, agus a thug às. 'S math a tha mise gad aithneachadh.'

## An Lònan Dubh

'An ann gam lorg a bha thu? Cha robh dùil agam gun gabhadh mo lorg. Chan eil cus diofair an-diugh an gabhadh no nach gabhadh. No gum biodh duine sam bith ag iarraidh mo lorg. Cha chreid mi gu bheil mo theaghlach fhìn ag iarraidh mo lorg! Well, tha fhios aca càit a bheil mi. 'S e nach eil iad airson mo lorg. Nuair a bha mise òg agus mi ag obair *full pelt* cha robh guth agam ach air mo dhachaigh fhìn agus air m' obair, gus am biodh beatha mhath gu leòr aig Ivy 's acasan.

'Taigh mòr math a bhith againn le goireasan. Agus bha sin againn.

Dè 'm math a dhèanadh e dhòmhsa a bhith a' caitheamh ùine a' smaoineachadh air Tobhta Craobhaig agus torghan Allt an Torcain? Eunlaith an adhair – well, bha sin eadar-dhealaichte. 'Eil fhios agad, chan eil tìr nas bòidhche na tuath Leòdhais. Fraoch is òg-chanach, fèidh is bradain. Ged a bha a' bhochdainn san taigh againne agus ann an iomadh taigh eile, bha sitheann fhiadh agus bradan saillt againn leis a' bhuntàta còmhla ri bainne a' chruidh. Ach ò, bha mi ag iarraidh taigh fhaighinn. Air falbh bhon an taigh bheag ud leis a' mhullach felt a bha cho fuar sa gheamhradh. Agus sinn uile fo làmhan agus fo chasan a chèile.'

''S *ann* gur lorg a bha mi. Bha mise riamh dhen bheachd gur dòcha gur e sibhse no Seonaidh Dùsain a tharraing am peilear air a' gheamair. Well, gum faodadh gur dòcha. Cha b' e gun tubhairt duine sin rium a-riamh, agus dè dhòmhsa, ach gheibhinn furag an-dràst' 's a-rithist le mar a chanadh m' athair, "'S ann mun àm sin a dh'fhalbh Seonaidh Dùsain agus Aonghas againne, ach thill Seonaidh." Ach chanainn a-nis gur dòcha nach bu sibh, nach robh e nur gnè.'

'Na bi air do mhealladh, a laochag, le gnè. 'S iomadh dòrainn a choileanas daoine de ghnèithean eadar-dhealaichte. Cuiridh iad ann am pòcaid bheag na cuimhne iad an uair sin agus sìolaidhidh iad seachad gus nach bi ach gràinean beag air fhàgail. Sin an gràinean a chuireas às do chiall thu, mar ghadaich san oidhche mura dèilig thu ris. Feumaidh tu àmhailtean a thogail airson a dhol mu choinneamh nan rudan sin. Ma tha cus cogais agad tha thu *done*. Ceannsaich do chogais. Tog do sgeulachd fhèin dhut fhèin, chan eil gu bhith innte ach bloighean co-dhiù. Uaireannan nuair a bhios tu dhen bheachd gur ann as glic' a tha thu, 's ann as mì-choltaich do ghrèim air cùisean. Mar a thuirt an duine aig piuthar mo mhàthar fhìn uaireigin, "B' fheàrr dhut a bhith glic ged a bhiodh tu luirmeachd!"'

*   *   *

'Chan eil mise a' smaoineachadh gun robh mi agam fhìn nuair a bha mi òg. Siud mi air cùl a chur ris an t-saoghal san robh mi, ach chan eil mi ag ràdh nach bithinn air a sin a dhèanamh co-dhiù. Chan eil fios agam air rud sam bith mu dhuine aca, an do phòs iad no cuin a bhàsaich m' athair no mo mhàthair. Chanainn rium fhìn, "Ò, 's dòcha gur ann san dearbh mhionaid seo a thathas ag adhlacadh mo mhàthar," agus gum bu chòir dhomh a bhith brònach, ach bha mi an uair sin a' mùchadh nan smuaintean sin. Dh'obraich a bhith a' cleith agus a' mùchadh math gu leòr dhòmhsa.

'Cha chreid mi gun robh Ivy a-riamh cinnteach cò a bh' aice. Cha robh ann an dòigh no mi fhìn. Chan e rud furasta a th' ann eòlas a thogail ort fhèin. Chuireadh e duin' às a chiall nam biodh e ris ro fhada, mura faigheadh e dòigh air cumail air uachdar. 'Eil fhios agad, 's e gnothaich aonaranach a th' ann a bhith a' siubhal bheanntan na h-inntinn leat fhèin.

'Dh'atharraich mi m' ainm. 'S e John Small an t-ainm a th' ormsa. Bha fear san teaghlach againn uaireigin ris an canaist Iain Beag, agus ghabh mi an t-ainm aigesan. Iain Beag Chùl nan Cnoc. Cha b' e Little a thagh mi idir. Small. 'S e "small" a chanadh sinne airson beag. Cha robh fios aig Ivy no aig an teaghlach a-riamh gun robh ainm eile orm. Carson a bhitheadh? 'S e a bh' annamsa duin' ùr nodha, Ameireaganach. 'S e sin a th' annam 's a bhitheas annam. Well, gu ìre co-dhiù – bhon taobh a-muigh.

'Inns dhomh ciamar a fhuair thu lorg orm. Chan eil rian gur e dìreach risc a ghabh thu air an aiseag an latha ud, gun tug thu suathalas dhomh mar gun robh thu gam shamhlachadh ris a' mhuinntir. Cha chaomh leamsa daoine a bhith a' tighinn orm gun fhiosta. Bidh mi ag iarraidh ullachadh a dhèanamh – gus am bi mi deiseil – gun fhios gu dè a tha an iarmailt a' dol a shadail orm.'

Agus an ceann greis: 'Am biodh diofar leibh nam b' e Aonghas a dh'èighinn oirbh?'

'Bhitheadh, bhitheadh. Bhiodh sin cus dhomh. John Small an t-ainm a th' orm 's a th' air a bhith orm bho chionn suas ri trì fichead bliadhna. Tha thu fàs ro bhragail. Gabh do thìde, a nighean donn.'

Ainmeinneach, ars ise rithe fhèin.

'Ach nuair a tha mi fhìn 's tu fhèin a' bruidhinn san t-seann chànan mar seo, dh'fhaodadh tu John a chleachdadh. Chan e. Cleachd Iain.'

*　*　*

'Nuair a bhàsaich Ivy bha mise agus a' chlann air ar fàgail leinn fhìn. Cha robh e càilear. 'S e aillse a bh' oirre, sa bhroilleach. Bha mi a' faireachdainn nach robh na dotairean a' dèanamh na bu chòir dhaibh, gun tug iad ro fhada gun aithneachadh dè a bha mun coinneamh. Cha robh iad ag innse dad dhut sna làithean sin, ach a' cumail an eòlais aca fhèin air dhòigh 's gum biodh tusa nan innibh. Bha sin a' fàgail nach cuireadh tu cus cheistean, mus saoileadh iad gun robh thu a' cur teagamh annta. Aon latha 's an dotair a-staigh aig Ivy 's i air a dhol mun àm sin à riochd nan daoine, thionndaidh mi air. Rug mi air sgòrnan air agus dh'inns mi a chliù dha. Ghabh e feagal a bheatha, agus tha mi a' creidsinn gum b' ion sin dha, bha mise nam chulachath an uair ud, agus dhiùlt e a thighinn a shealltainn air Ivy tuilleadh. Cha do shaoil mi mòran dheth. Thàinig na poilis chun taigh' ach chaidh mise às àicheadh a h-uile dad, oir cha robh air a bhith san t-seasamh ach mi fhìn 's e fhèin 's cha do dh'fhàg mi làrach air. Dìreach mar an-dràsta. Na facail a th' eadarainn-ne gun fhios aig triùir orra. 'S ann goirid às dèidh sin a dh'fhalbh i.

'Às dèidh dhan adhlacadh a bhith seachad, dh'aithnich mi nach deigheadh agam air mo dhleastanas a dhèanamh ris a' chloinn agus a bhith a' cumail a' dol lem obair aig an aon àm. Bha rudeigin annam a bha ag iarraidh a bhith leam fhìn, gun uallach làitheil na cloinne. Bha iad leotha fhèin cus agus bha feagal orm gun deigheadh an toirt bhuam 's gum bithinn ainmeil mar fhear a bha a' dèanamh dearmad air a ghineal. Chaidh sin a chur annam. Air cho bochd no truagh dham bitheadh tu, bha còir agad cumail ri do theaghlach. Thug mi greis mus do dh'obraich mi mach dè an t-slighe a ghabhainn. Tha fhios agam gu smaoinich duine a th' air cùl na cùise gur ann orm fhìn a bha mo smuaintean agus nach b' ann orrasan. Cuiridh seo iongnadh ort. Bidh e a' cur smaoineachadh orm fhìn gun d' fhuair mi inntinn a leithid a dhèanamh.

'Thug mi seachad iad. Air mo cheann fhìn. Thàinig mi thuige leam fhìn.

'Seachad dha dachaigh air a ruith le buidheann

crìosdail air choreigin. Nach mise a ghabh an rud orm
– iadsan a bhogadh ann am beachdan a bha air mi fhìn
a shàrachadh. Ach shaoil mi nach b' e buileach an aon
seòrsa mìneachaidh a bh' acasan air Fìrinn. Nach robh
uimhir de shlocan 's de chiont ann. Ciont – seachain
orm e. Shoidhnig mi pàipearan agus gheall mi bhith
a' pàigheadh na h-uimhir sa mhìos gus am biodh iad
air coimhead às an dèidh ann an dòigh chothromach.
Cha do dhealaich mi riutha gu tur idir. B' iad fhathast
a' chlann agamsa.

''Eil fhios agad nach do thill iad dhachaigh a-riamh
dha shamhail. Fiù aig saor-làithean. Bhiodh an dachaigh
chrìosdail gan toirt air saor-làithean còmhla ri càch.
Ach bhithinn a' dol a shealltainn orra nuair a b' urrainn
mi. 'S a' toirt rudan thuca. Tuigidh tu nach robh na bha
sin de thìde agamsa dheth sna làithean sin agus nach
b' e bean-taighe a bh' annam. Bha mise fortanach gun
robh cosnadh agam a thug dhaibh mòran a bharrachd
chothroman na b' urrainn a bhith aca nam biodh iad
air fuireach san dachaigh, far am biodh iad fosgailte
dha mì-stiùireachd agus droch stillean gun duine ann
a chumadh sùil cheart orra aig àm deatamach nan
èirigh suas. 'S e àm a bh' ann far an robh stiùireadh
bhoireannach a dhìth.

'Tha cho fada bho nach fhaca mis' iad is gur dòcha
gun gabhainn seachad orra gun fhios dhomh. 'S dòcha
nach cluinn mi guth ach bho Ghordon agus gun tèid
bliadhnachan mòra seachad mus cluinn mi sin fhèin.
Bidh mi beò ann an dòchas ro mhath gur dòcha gum
faigh iad annta fhèin ceangal air choreigin a dhèanamh
rium mus triall mi. Chòrdadh e rium faicinn cò ris a tha
iad coltach.'

\* \* \*

42

Bha Trish ga fhaighinn duilich Iain èigheach air, ach bha e cho math feuchainn. Bha fhios gun tigeadh e thuice an ceann tìde, agus gum faireadh i nàdarrach gu leòr mu dheidhinn.

'Iain,' ars ise, 'tha ur bràthair Seoc air a bhith bhos an taobh seo bho chionn leth-cheud bliadhna. Bhiodh e a-riamh ag ràdh gur sibhse a b' fheàrr leis. Gun robh sibh san aon leid fad bhliadhnachan. Gur iomadh rubha ris na shuath sibh a-muigh air an oidhche nur dithis.'

'Bheil e beo ...?'

'Tha feagal orm nach eil. Fhuair e deagh latha. Bha e ceithir fichead 's a deich.'

'Seadh. Ò, seadh ... An dùil na dh'fheuch e ri mo lorg?'

'Dh'fheuch, ach dh'fhaillich air. Agus dh'fhàg e aig a sin fhèin e. Bha Seoc aig an taigh uair no dhà. Agus a bhean 's an teaghlach. Tha cuimhn' agams' air. Tha samhla mhòr agaibhse ris. Caomhalachd agus lasair an lùib a chèile.'

'Ha, ha! Cha do smaoinich mi air sin a-riamh. Beothaichidh an dàrna rud an rud eile!'

'Chaidh cèibeil a chur thuige nuair a bhàsaich na seann daoine. Bhiodh e a' sgrìobhadh litrichean fada gu mo sheanair an-dràst' 's a-rithist – mu dhà thuras sa bhliadhna – gu h-àraid air poilitigs na rìoghachd. Bha iad gu math right wing. Dhen bheachd gun robh aig mac an duine sa chiad àite ri dèanamh air a shon fhèin, nach tigeadh tu a-chaoidh a-màch às a' bhochdainn ma bha thu gu bhith a' feitheamh ri riaghaltas no ri coimhearsnachd cobhair a dhèanamh. Gur e farpais air do cheann fhèin an rud a b' fhiach. Riut fhèin a bha cùisean an urra. Cha robh e nad ghnè a bhith a' cuideachadh ach do chuid fhèin.'

\*   \*   \*

'Thàini' mise dhachaigh cuideachd.'

'Sibhse?'

'Mise.'

Smaoinich i gur dòcha nach robh i air a thogail ceart.

'Seoc a thàinig dhachaigh,' ars ise, ga dhaingneachadh. 'Seoc.'

'Mise cuideachd,' ars esan le leth-ghàire.

'Cuin?'

'Chan eil cuimhn' a'm dè bhliadhna. Dè an diofar. Sna Sixties a bh' ann.'

Cha robh aig Trish ri bhith a' cantainn aon fhacal.

'Dhan àite san deach mo bhreith is m' àrach. Far am biodh m' inntinn a' buiceil 's a' cruthachadh sheanchasan 's ag èisteachd sgeulachdan 's a' gabhail amhran. Ach, ò, 's e ceòlraidh nan eun nam shìneadh san fhraoch. Cuileagan agus seilleanan a' gabhail seachad. Saoilidh mi uaireannan gun cluinn mi iad. Sgòthan mòra geala a' ruith a chèile. A' tuiteam nad chadal greiseag. Chan eil fios agam gu dè a thug orm a dhèanamh. Gham fhaighinn fhìn a' dol air ais.

'Am bradan tàrr-gheal fhathast a' leum sna glumaichean ri solas na gealaich. Mìorbhail. A' feuchainn ris a' chùis a dhèanamh air na uaitsearan. A' sealg fhiadh. Mar fhiadh-bheathach an fhàsaich a' sireadh connadh dha chuid fhèin. An e bruadar a bh' air a bhith ann? Cha b' e na daoine a bha mi ag iarraidh fhaicinn idir. Bha iad sin air triall co-dhiù. A' chuid mhòr. 'S eadhon ged nach bitheadh ...

'Cha b' ann gun feagal a thàinig mi air tìr an Steòrnabhagh an oidhch' ud, onfhadh air mo thaobh-staigh. Dùil agam às dèidh na bha siud a

bhliadhnachan nach robh fios nach biodh taibhs'
a' gheamair Bhochanaich mum choinneamh 's gum
bithinn glacte airson rud nach do rinn mi. Ha! Eadhon
ged a bha an sgarfa thartain orm airson a mhanadh a
chumail gun beantainn rium. Fhad 's a bha sin agam,
bha mi ga ghleidheadh agam fhìn. Nach mi a bha gòrach!
Cha b' e gun do rinn mise leòn sam bith air. Faoineas
a dh'ionnsaich mi uaireigin – 's dòcha gum bithinn
a cheart cho math le pìos caorainn an cliathaich mo
sheacaid, no bad de fhraoch geal!

'Nuair a chuir mi sìos mo chas air talamh tròcair,
mar a theireadh iad, shaoileam gun robh mi a' dol a
dh'fhaomadh seachad. Bha an gangway cho cas, dìreach
mar a dh'fhalbh mi an toiseach. Agus gròileagan math
de dhaoine a' feitheamh chàirdean. Cha robh duine gam
fheitheamh-sa. Choisich mi dhan Chaley nach robh ach
mu cheud slat bhon chidhe, agus ghabh mi cuid na
h-oidhche an sin. Stallag mhath shìos an staidhre an
toiseach.

'Cha robh mi ann gus an do thòisich fradhaig
a' dèanamh miastadh. Shaoil leam gun robh iad
a' magadh orm, agus a' magadh gun robh sgarfa
chloimhe orm am meadhan an t-samhraidh. Bha
a' Ghàidhlig aca, agus 's i a bha iad a' bruidhinn, an
dùil nach tuiginn-sa lideadh. 'S e truaghan Gallda
a ghabh iad orm nam measg fhèin, agus bha iad
a' cantainn rudan grànda mum dheidhinn. Gur dòcha
gun robh mo cheann falamh. Well, cha robh mo cheann-
sa a-riamh falamh. 'S ann a chanainn uaireannan gun
robh e ro làn. Gur e a bhith a' cumail ag obair a latha
's a dh'oidhch' a chùm gun spreadhadh e. Sin agus
cuimhne a' cheilearaidh. Bha mi air mo chur thuige gu
mòr. Dh'fhairich mi an seann bhuille nam bhroilleach,
an t-iarrtas mo chuid fhìn fhaighinn air ais, an gearradh

dheth, am franadh chun nan ceithir àrdaibh. Mo dhòrn a' dùnadh.

'Gòraich na h-òige, arsa mise leam fhìn, ceannsaich do spiorad. Tha thu air fàs bhon uair sin. Tha do latha-sa dhen sin air triall. Sliùid dhan chòrnair, gabh tèile agus bi taingeil gun do dh'fhoghlam thu gliocas air do shlighe. Ach 's e an rud a thachair an uair sin nach creidinn do dhuine beò. *Thàinig* cuairt orm agus dh'fhaom mi seachad. Chaidh cur a dh'iarraidh dotair sa bhad 's a-mach à siud leam dhan ospadal.

'Cò an dotair a thàinig a choimhead rium aon uair 's gun do ràinig mi an t-ospadal ach fear Dr Gordon Small. Tuigidh tu fhèin an còrr. Dh'aithnich sinn a chèile sa bhad. Fuil nam bliadhnachan sa chuisil. Cha robh idir blas làidir Aimeireaganach air a chòmhradh – dìreach iarmad. Bha e air a bhith ann an Alba bho chionn ceithir bliadhna, thuirt e, a' dèanamh locums. Thuirt e cuideachd gur e nursaichean agus dotair òg a bh' air còmhla ris a shealladh rium. Ro chàirdeach, 'eil fhios agad. Dh'fhàg e aig a sin e. Thug iad orm tàmh dà oidhche a ghabhail san ospadal – 's e dotair boireannaich a bh' agam an ath latha. Cha do thill e fiù a shealltainn gu dè mar a bha mi – mise a chuir tron fhoghlam e agus a thug dha a h-uile cothrom. Siud mar a bhiodh a' chlann agamsa air a bhith – dìreach mar a bha fradhaig òga a' Chaley, clann gun mhàthair, 's maite, mura b' e gun do sheall mise beò agus gun tug mi seachad iad airson beatha cheart a bhith aca. Dhaighnich a' mhionaid sin dhomh, ged is dòcha nach b' ann mar sin a chitheadh a h-uile duin' e, gun do rinn mi an rud cothromach eadhon ged a chaill mi eòlas orra. Ge b' e gu dè a nì thu nad bheatha, bidh cuid a rudan ann air an ceannaich thu daor.'

\* \* \*

'An latha a dh'fhàg mi an t-ospadal dh'iarr mi an Dotair Small fhaicinn airson taing a thoirt dha mar a thachair e rium a' chiad oidhch'. Sin a thuirt mi riuthasan. Bu dìomhain dhomh! Bha e air a dhol air saor-làithean agus cha bhiodh e air ais airson mìos. Smaoinich fhèin! Thàinig beagan droch nàdair annam, ach thraogh sin. Gur dòcha gum faodainn a bhith air an tìr a shealltainn dha – an tìr mu nach robh mi air bruidhinn ris a-riamh. Gun tigeadh sinn gu chèile, gun innsinn mo sgeul dha. Gur dòcha gun cluinneadh sinn an topag còmhla. Tuigidh tu nach b' e cianalas no dad mar sin a bha togail cinn, ach dìreach iarrtas a nochd à àiteigin, cha b' e na h-athraichean idir ach an tìr. Ma bhios càil sam bith gam lèireadh bho àm gu àm 's e tlachd an fhraoich, biorach fom chasan eadhon nuair a bhithinn làn ghartanan a' tighinn às a' mhòine ged a bha mi a' faireachdainn gun robh mi nam thràill.

'Cha chreid mi gu bheil fios agad cò air a tha mi mach. Tha thu ro òg. Rud ris an can thu cogais a th' ann. Bochd nach b' urrainn dhi fuireach na cadal. Tha i nas duilghe dèiligeadh rithe mar as sine a dh'fhàsas tu. Do cheann a' dol air an t-seacharan. Buail às i!

''S e an aon tè air am bi mise a' cuimhneachadh bho àm gu àm Anna Peigi. Ise a dh'fhàg mi às mo dhèidh. Cha do sgrìobh mi thuicese a bharrachd. Dè bha thu a' dol a ràdh ann an litir co-dhiù, ach innse mun aimsir agus an robh thu ag ithe do bhìdh. 'S iomadh sùgradh a bh' eadarainn.

'Nuair a thill mi, lorg mi mach càit an robh i. Chaidh mi chun an t-seann tulaich, lot a h-athar, ach bha sin air a ghabhail thairis le srainnsearan – bu mhath gun robh – ach bha fios aca gun robh i na banntraich ann an Steòrnabhagh. Thuirt mi riutha gur e cosan a bh' annam aig an taigh air fòrladh. Cha robh mi airson iarraidh a dhol timcheall nan seann chùiltean mus tòisicheadh ceistean. Cha deach mi faisg air an taigh againn fhìn, oir cha robh fios agam cò a bha beò no marbh – bha am pìos sin seachad air m' iarrtasan agus m' fhaireachdainnean.

'Ach bha cinnt agam nach innseadh Anna Peigi gun robh mi riamh san tìr nan iarrainn sin oirre, no ged nach iarradh. Thàinig mi mach às a' chàr a bh' agam air mhàl agus sheas mi air an rathad àrd. Chithinn an staran fad' ud a choisich mi an latha a dh'fhalbh mi. Bha an taigh a' coimhead cho ìosal 's a bha e riamh, agus na lochan beaga cho lìonmhor 's cho socair mun cuairt. Beanntan na Hearadh fad às. Fonn deàlrach; corra chaora; an doca mhorghain; bàrdachd Dhòmhnaill bràthair mo sheanar a' tighinn thugam ... "Innsidh mi 'n fhìrinn a-mach mar a tha i nam inntinn a-steach" ... Gàrraidhean cloich, luachair, an gàrradh caoil, an leas meannt, Sìthean Chlàbaig, am monadh mòr, còraichean mo bheatha uair dha robh 'n saoghal. Mhiannaich mi rithist bhith òg. Smaoinich mi an robh mi riamh òg, no gu dè bh' air tachairt dham òige. Cha robh freagairt agam. Bha am beàrn air dhòigh 's nach gabhadh greimeachadh ris.

'Thug e mo dheighead bhuam gnogadh aig a doras. Bha Steòrnabhagh dhòmhsa mar thìr chèin. 'S e am baile mòr a bhiodh againn' air! Tha mi a' creidsinn an taca ris a' ghròileagan thaighean a bha sa gheàrraidh againn fhìn. Cha do dh'aithnich i idir mi, 's cha bhithinn-sa air i fhèin aithneachadh. Beagan crùbaidh air a thighinn innte agus i cho liath ri òg-chanach an t-slèibhe. A h-aodann air a dhol preasach. Chanainn nach robh mi riamh air sùil a leagail oirre. Agus mi fhìn

– chan eil fhios dè an cruth a bh' ormsa: ghlèidh mise bhith dìreach – bha sin annainn. Nuair a thàinig i chun an dorais bhruidhinn mi sa bhad.

"'Annag?" arsa mise.

"'Dè?" ars ise. Stad i cruaidh.

"'Annag?" arsa mise a-rithist.

'Ise a' sìor agus a' sìor choimhead gun lideadh. Fhathast a' coimhead.'

"'A chiall,' ars ise. 'A chiall, a chiall, a chiall! Chan eil ach aon neach air uachdar na talmhainn a bha gam shloinneadh-sa mar sin."

'Thòisich mi a' lachanaich, mo cheann an-àirde, bragail, 'eil fhios agad. Ag iarraidh a-rithist bhith òg. Siud mar a bhithinn. Gu h-àraid nam biodh beagan feagail orm.

"'S mise Iain Beag Chùl nan Cnoc – nach iomadh uair a bhiodh sinn a' tarraing às," arsa mise. Well, 's e an fhìrinn a bh' agam ann an seagh, ged nach robh ise a' dol a dh'fhaighinn sin a-mach.

"'S ann agad a tha an nèarbh," ars ise, mar nach robh i air dad fhaireachdainn, "a thighinn an seo le sgarfa nam Bochanach mud amhaich. Nach fhad' on uair sin! Tha thu beò co-dhiù!"

'Thàinig aithneachadh beag de sheòrsa thugam air a' ghuth ud gun teagamh, a dh'ùraich seann sgeulachd, a chuir dreach air seann bhòidhchead. Rug i air làimh orm. "Trobhad a-steach. A chuilein a' chuain! 'S tu ghabh a' mheatar ort! Cha bu tu fear nach gabhadh!"'

*   *   *

'Rinn mise cèilidh an sin fad dà uair a thìde. Cha do dh'fhairich mi iad a' dol seachad. Bha mi duilich nach robh dad agam a bheirinn dhi. Dà nighean aice. An dithis pòsta an Glaschu len teaghlaichean. Thuirt i gun do rinn iad pòsaidhean math. Ghabh mi naidheachd Sheonaidh Dùsain, agus b' fheàrr leam nach bithinn air sin a dhèanamh. "Na thruaghan," ars ise, "a' chuid mhòr dhe bheatha, tha e coltach, fo bhuaidh na dibhe. Chaidh fhaicinn a' beigearachd air sràidean Ghlaschu. Cha robh fhios an robh e beò no marbh. Rudeigin mar thu fhèin, Aonghais!"'

'Cha do dh'inns mi idir dhi mum ainm, ged a thèab mi – bàrr mo theanga – ach chuir mi mo bhonnan an tac, agus m' inntinn cuideachd. Cha tug duine dhen dithis againn iomradh air càil a bh' eadarainn san aois òig. Cha b' fhiach sin dhuinn, ach chanainn gun robh sinn fa-leth mothachail gun robh eachdraidh fad-às air choreigin air a làrach fhèin fhàgail. Cruachan mònach, oidhcheannan fuara gealaich, sitrich each agus nuallan bhò, sabhlaichean agus danns' an rathaid, greiseagan fo dhrochaid abhainn Chùlaigh.

"'Nach bu neònach," thuirt mi rithe, "na sgeulachdan a bhiodh iad ag inns uaireigin sa bhail' againn. Bha mise iomadh bliadhna dhen bheachd gun robh a' Sàtan a' còmhnaidh san doca mhorghain shìos faisg air taigh Sheonachain, agus nach robh Gàidhlig aige idir. Dad sam bith a chuala mi a thuirt e riamh, 's ann sa Bheurla a bha e ga ràdh. Agus cha b' e an aon chumadh a bhiodh air uair sam bith!"

"'Tha e coltach! Cha do thachair e," ars Anna Peigi, 'rium fhìn a-riamh. 'S ann ri na fireannaich a bhiodh e a' tachairt agus a' toirt ludradh orra. Sin agadsa a' Sàtan. Tha e timcheall fhathast. Cha bhi fios gu dè an riochd san nochd e." Thàinig e steach oirre, anns na facail, gur dòcha gur e a bh' air a beulaibh, ach le gàire beag air a h-aodann, leig i seachad e.

"''Eil fhios agad,' agus mi a' togail a' chupain teatha,

'gum faca mo mhàthair-sa sealladh dheth?"

"'Feuch an ist thu! Inns dhomh gu dè a tha thu air a bhith a' cur ris fad do bheatha. Tha srann làidir Ameireaganach nad ghuth. Bhiodh iad ag ràdh gur iongantach mura h-ann a dh'Ameireagaidh a chaidh thu."

"'Chunnaic mo mhàthair e ann an riochd fireannaich – fear spaideil le deise dhorch agus glainneachan. Dìreach na sheasamh. Cha do ghlac i a shùil idir. Cha tàinig lideadh bhuaithe. Cha do ghluais e. Ach bha beò ann, fuil is feòil mar mise no thusa. Cha do dh'fhuirich e fada. Leag i a sùil airson tiotadh, agus cha robh sgeul air. Bha i staigh leatha fhèin is ghabh i feagal. Well, nuair a thàinig m' athair a-steach às a' bhàthaich bha tuar oirre, agus dh'aithnich e nach robh i san àbhaist. Bha i air a dhol tron taigh air fheadh a lorg an duine sin, 's cha robh a dhubh no a dhath ri fhaicinn.

Thug m' athair a-mach am Bìoball teaghlaich agus dh'fhosgail e e. Shuidh e ri taobh agus thug e oirre a ceann a chromadh gus am beireadh am fuachd a thigeadh bho bhith a' crathadh nan duilleagan air a sùilean. Rinn iad sin trì turais. Thuirt e rithe gun iomnaidh a bhith oirre tuilleadh, nach fhaiceadh i a-chaoidh samhail a leithid siud."

"''S am faca?"'

"'Chan fhaca."'

"'Cionnas a tha fios agad?"'

"'Well, chan eil."'

"'Aonghais, chan eil fios agad air càil."' A guth ag èirigh beagan. "'A bheil ciont ort idir mar a rinn thu?"'

"'Dè a rinn mi?"' Mo ghuth-sa ìosal, sàmhach.

"'Falbh mar siud, 's do chùl a chur rid theaghlach. Na thadhail thu air duin' idir ac"'?

"'Chan eil mi a' tadhal air duine ach ortsa. 'S e

sin as fhasa. Ciont? Cha do dh'fhairich mi càil dhen dèante e a-riamh. Chan eil mise ag iarraidh a bhith air mo lèireadh le rubais dhen t-seòrsa sin, agus cha robh a-riamh. Cha bu chòir dhutsa a bharrachd nam b' urrainn dhut."'

"'S e fear neònach dham b' urrainn a bhith mar sin."'

'Am meadhan an fheasgair, dh'fhalbh mi. "'Tha mi 'n dòchas nach do chuir mi dragh ort,"' thuirt mi san dealachadh. "'Fhad 's nach do chuir thu dragh ort fhèin,"' thuirt i air ais. Sùil ri sùil. Cò a bh' innte co-dhiù? Cò a bh' annamsa? Cha robh ach tè agus fear san t-sreath, mar iomadh feadhainn dhe ar seòrsa, a bha uair nam beairteas aig a chèile ann an saoghal eile. Well, nam b' urrainn dhut sin a ràdha. Atach de sheann ghluasad sna fèithean.'

## An Dosan

Cha robh duine a' faighneachd càil dhan Dosan mu dheidhinn fhèin, na bu mhotha na bha esan a' faighneachd dhaibhsan. Ach mar sa h-uile coimhearsnachd, bha ceangail dhomhainn a' ruith eadar na teaghlaichean a bh' air a bhith ann bho shean agus bha fhios air an cuid sgeul, an cuid gliocais agus an cuid àmhailtean. Bha fhios aca cuin a bu chòir dhaibh a bhith air am faiceall bho chàch-a-chèile, agus cuin nach leigeadh iad a leas. Mar sin, ged a bha an Dosan ag ionnsachadh cò a bhuineadh dha cò, cha ruigeadh e air na freumhan domhainn – na seanchasan aca – am bu dual dhaibh a bhith mar a bha iad – no dè a bha a' ruith san fhuil aca.

Cha robh sinnsirean an Dosain air slighe a' bhaile seo a choiseachd a-riamh, agus 's ann a shaoileadh tu gun robh athadh aca roimhe a bharrachd air na bh' aca ro na coigrich a bh' air a thighinn a-steach à àiteachan eile. Ghabhadh beagan ionnsachaidh a dhèanamh air an fheadhainn sin, ach bha a' choimhearsnachd dhen bheachd nach robh an Dosan a' cur feum air a sin, oir cò a bh' ann ach balach a bha dìreach mar iad fhèin; an aon seòrsa togail, an aon seòrsa fheumalachdan.

'S e a chòrdadh ris an Dosan cuideigin a bhith aige dha fhèin ris an cumadh e blàths is cofhurtachd – cha bhiodh cus diofair leis fireann no boireann: cudeigin nach biodh a' trod agus dham b' urrainn cumail sàmhach nuair a bhiodh feum. Cuideigin le nach biodh diofar esan a bhith ag obair cruaidh agus dealasach – leth eile dhe fhèin – mar gum bitheadh seòrsa de leth-aon.

Cha leigeadh a leas cus romansachd a bhith ann, oir na bheachd-san bha nithean sa bheatha tha seo na bu dhiongmhalta na sin. Fhad 's a bhiodh tuigse ann, cuideigin nach biodh daonnan a' freagairt air ais agus a' bidsigeadh; chunnaic e gu leòr dhen sin – chumadh sin ris fad làithean a bheatha, shaoil leis.

Bha e air ùine mhòr a thoirt bhon Dosan na bha seo dhen *An Lònan Dubh* a chur ri chèile. Bha e a' miannachadh gum b' urrainn dha na bha e air a sgrìobhadh a leughadh dha cuideigin a bheireadh breith thràth air na bha e a' dèanamh, ach cha bu dùraig sin dha, oir cha robh e airson gum biodh fios aig duine sa bhaile gu dè a bha e ris. Ged a chanadh cuid gun robh e bragail, bha taobh socharach air, agus cha robh e airson gu saoileadh iad gun robh e a' fàs làn dheth fhèin, esan nach robh air a shùil a chur ri litreachas a-riamh. Daoine foghlamaichte a bhiodh a' sgrìobhadh. 'Well, leughaidh mi dhomh fhìn e,' thuirt e agus e a' coimhead a' mhanagain na seasamh na stob san ath sheòmar. 'Chan e,' ars esan an uair sin, mar gum biodh reul sholais air a thighinn tron uinneig. 'Cumaidh mi orm ga leughadh dhutsa, a Mhaini, mar a rinn mi bho thoiseach. Tha fios agam nach cluinn duine beò e bhuatsa.' An sin, thòisich e, agus e ag èirigh bho àm gu àm agus a' dùnadh putan, no a' ciortlachadh filleadh ann an èideadh a' mhanagain. Leugh e dhi na bha e air a chur ri chèile.

Bha i riaraichte leis a h-uile h-atharrachadh a bha e air a dhèanamh, 's bha gu leòr dhiubh sin ann, 's math a bha e ag aithneachadh air a guth-na-cheann gun robh i sunndach agus breithneachail. 'S i an aon chuideachd a bh' aige bho bhiodh e sgìth às dèidh a theatha, eadar an dà bhùth, fuaigheal, a' togail dhealbhan 's a' gearradh an fheòir. Bha teachd-a-steach aige a bha ga chumail cofhurtail gu leòr; bha e ga fhaighinn fhèin caran fad-às bho àm gu àm bho mhuinntir an àite, agus an-dràst' 's a-rithist dh'fhaireadh e onfhadh na cheann a bha a' dol dha na sheòrsa de bhreislich. B' ann an uair sin a ghabhadh e Mijuc no dhà airson a chumail air an t-slighe. Le sin agus tuigse a' mhanagain, cha robh e buileach dona.

B' e a' bhùth aige fhèin, ann an dòigh, a bu duilghe dha, gu h-àraidh as t-samhradh. Cha robh i fosgailte ach sna feasgair, agus cha robh latha nach robh daoine a-mach 's a-steach, agus bha e a' dèanamh prothaid mhath gu h-àraidh air na dealbhan. Cha robh an luchd-tadhail sin ag òrdachadh aodach idir, ach dìreach a' seòrsaigeadh agus a' fiannachd air an stuth a bha mu thràth air na hangaran. Cheannaicheadh iad rud no dhà dhen sin fìor chorr' uair.

Bha aon tè ann a thill an ath latha le seacaid anairt a bha i air a ceannach bhuaithe agus i a' gearain nach robh i air a lìnigeadh mar bu chòir, gun robh an lìnig air a' chùl beagan na b' fhaide na bha an t-seacaid fhèin. Cha robh fios aig an Dosan gu dè a thàinig air, ach chaidh e glan às a chiall rithe. Thòisich e a' siamaich. Thòisich e a' toirt tàire dhi, agus lean e air. Chanadh tu nach gabhadh stad a chur air. Ghabh e an t-seacaid agus thug e dhi a cuid airgid air ais. Shad e thuice e, tarsainn a' bhùird. Ghabh am boireannach beagan feagail, ach cha tug i e na b' fhaide na sin fhèin. Mijuc no dhà agus chiùinich a nàdar, a bha na bheachd-san a' faighinn fheuchainn gu mòr.

Ged a bha an Dosan aig amannan mar sin gu math frionasach, cha robh sin ag ràdh nach b' e duine càilear gu leòr a bh' ann. Bha e a' dèiligeadh ri thuige 's bhuaithe na beatha mar a b' fheàrr a b' urrainn dha, dìreach mar a h-uile duin' eile. Agus sa choimhearsnachd bhig shàbhailt seo bha e a' faireachdainn sìtheil gu leòr. Agus uaireannan air an fhionnairidh ghabhadh e amhran beag: 'A Mhaini bhòidheach 's a Mhaini ghaolach, a Mhaini bhòidheach, gur mòr mo ghaol dhut' … An àiteigin am broinn a chinn bha fìor fhios aige gum feumadh e sgur dhen nonsans sin, mar a bh' aige air – ach fhad 's a bha sin agus na Mijucs ga chumail sunndach, well, sin mar a dh'fheumadh a bhith an-dràsta.

\* \* \*

Bha an Dosan air mothachadh dha tè thall air cùl a' bhaile ris an cante Mòrag an t-Solais. Bha i a' fuireach còmhla ri h-athair, agus bha measan beag coin aice. A bharrachd air sin bha bò aca agus cearcan. Bhiodh i a' gabhail cuairt a h-uile h-oidhche an ìre mhath, sìos mu na gàrranan agus a-null an rathad seachad air an taigh aigesan. 'S ann a thòisich iad a' bruidhinn. Dìreach beagan fhaclan san dol seachad, a' moladh an fheasgair no a' lìbhrigeadh naidheachd bheag air choreigin sa bhaile. Bhiodh i ag innse dha na bh' aicese ri dhèanamh eadar a h-athair 's a' bhò 's an cuilean, agus a bhith a' cumail na bùtha ann an uighean. Leis an fhìrinn innse, bha e air fansaidh a ghabhail dhith, ach b' fheàrr dha a chuid fansaidheachd a chumail aige fhèin. Bhiodh iad ag ràdh gur e duine aimhreiteach a bha san t-Solas agus nach robh e idir furasta. Bha seanchasan an-còmhnaidh mu dhaoine a bh' air cùl a' bhaile, no aig fìor cheann shràidean. Co-dhiù, 's dòcha nach biodh Maini air a dòigh, ach 's e bha sin rud eile.

Bha Mòrag an t-Solais i fhèin, cha b' ann a-mhàin air cùl a' bhaile, ach cuideachd air cùl a' bhaile na h-inntinn – 's e sin ri ràdh, gun robh i a' giùlain atach na seann eachdraidh. Chanaist gun robh i annasach na dòigh, oir chluinnist i corr' uair a' gabhail amhran dhan bhoin a-muigh air an lot. 'Tha bò dhubh agam, tha bò dhubh bhuam, tha trì bà duibhe sa bhruthaich ud shuas'. No 'Tha mis' air uisge 'n lònain duibh is bainn' a' chruidh aig Mòrag'. Cha robh diofar sam bith le Mòrag gun robhar ga cluinntinn, no fios sam bith gun canaist gun robh i annasach air sgàth sin. Dè bh' ann ach seann chleachdadh taitneach a bha a' cumail bheathaichean agus dhaoine faisg air a chèile agus a' toirt sòlas dha gach gnè.

Cha robh i fhèin ro chinnteach às an Dosan – bha i air cuid dhe na rudan a bhithist ag ràdh mu dheidhinn a chluinntinn: gum biodh e fhèin a' seinn, ach gur ann ris a' ghealaich, agus gum biodh e a' cur car a' mhuiltein no dhà no trì aig na h-amannan sin cuideachd. Agus a' sgiamhail. Mar sin dhàsan! Bha facal cuideachd aig luchd a' bhaile ri chantainn nuair a thòisich iad a' mothachadh gun robh an Dosan a' caitheamh a chartailean na bu trice na 'n àbhaist aig taigh an t-Solais aig àm an eadraidh. Thogadh iad dibhearsain ris sa bhùth mu Mhòrag 's mu bhleoghan, agus rithese mu dheidhinn-san: 'Agus na ghabh e do chuimse fhathast?'

Well, leis an fhìrinn innse, cha robh an Dosan air a dhol cho dàna ri sin, oir 's ann sa bhàthaich a bhiodh iad a' conaltradh; cha robh i fhathast air fiathachadh a thoirt dha a bhroinn an taighe. Bhiodh ri feitheamh. Cha robh an Solas fhèin a' nochdadh aig àm an eadraidh idir, ach bha e a' faighinn fhathannan gun robh an Dosan a' cuachail timcheall nam badan sna feasgair. Bha riamh beagan iomnaidh air gum fàgaist esan leis fhèin nam b' e 's gum pòsadh ise, agus gu deimhinne cha robh e ag iarraidh fireannach a bhith a-staigh na bheingean.  Bha e an dòchas gun cumadh a' bhò 's na cearcan i gun sin a dhèanamh, nam biodh a leithid air a h-aire. Bha fios aige nach robh bàthach idir aig an Dosan, ach bha fhios aige cuideachd cho ceangailte 's a dh'fhàsadh duine agus beathach, agus bu dheagh chaomh leathase a' bhò. Bha e an dòchas gum fuireadh nithean mar a bha. Ach bha e a' cur umhail air aon rud: gun robh Mòrag na b' aotruime na ceum agus gu math na bu riaraichte na 'n àbhaist. B' e duine gòrach a dh'iarradh stad a chur air a leithid.

*   *   *

Cha robh a' dol dhan Dosan cho math ri sin leis *An Lònan Dubh*. Cha robh e ga fhaighinn fhèin ann an sunnd airson sgrìobhadh, agus an corr' uair a gheibheadh, cha robh an rud a bha e a' sgrìobhadh a' còrdadh ris. Bhiodh amannan ann nach deigheadh aige ach air aon seantans a chur ri chèile, no lorgadh e rud deatamach air choreigin a bha ri dhèanamh sa mhionaid a bheireadh air falbh e bho chuid sgrìobhaidh. Cha robh e a bharrachd a' mothachadh gun robh a chogais no a chiont a' lughdachadh ann an seagh sam bith a dh'aindeoin a bhith a' cruthachadh charactaran air an robh e an dòchas na feartan dorcha aige fhèin a shadail. 'S e cur-seachad neo-fhaicsinneach a bh' ann, agus leis an fhìrinn innse, dèidheil 's gun robh e air a' mhanagan, cha chumadh i còmhradh ris mar a chumadh Mòrag an t-Solais. Bha e na b' fhasa dha an còmhradh a chumail a' dol rithe nuair a bhiodh i na h-aodach, sgeadaichte ann an sìoda no ann an tartan, ach bha e mothachail nach robh e idir furasta a bhith a' cumail cainnt rithe seach gun robh i daonnan na seasamh.

'S ann 's na cuspairean sin a' ruidhligeadh na cheann a smaoinich e gun gabhadh cobhair a dhèanamh oirre, seòrsa de dh'opairèisean. An àite an aon stob coise a bhith oirre, bhiodh i na b' fheàrr le dhà, feadhainn a lùbadh aig na glùinean mar chasan dhuine sam bith, agus lùbadh a bhith aig na h-uinlean cuideachd. 'S iongantach mura h-e meatailt a dh'fheumadh a bhith annta.

Mar bu mhotha a smaoinicheadh e air, b' ann a b' fheàrr a bha an smuain a' còrdadh ris.

Mar sin, dh'fhalbh e fhèin is Maini a-null a Steòrnabhagh air a' bhus agus i na bloighean ann am baga mòr. 'Tha mi a' dol a thoirt dhut cruachainnean, glùinean agus uinlean ùra, gus am faigh thu air a bhith a' suidhe còmhla rium sna feasgair,' ars esan rithe. 'Tha tòrr bhoireannach a' faighinn sin 's tha e a' dèanamh feum dhaibh. Well, 's dòcha nach eil uinlean.' Agus ri fear Steòrnabhaigh, aig an robh ceàrdach shìos air cùl a' bhaile, thuirt e gum biodh an t-ath-nuadhachadh seo a' ciallachadh gun deigheadh aige air dèanamh cinnteach gum biodh na frocaichean a' laighe ceart, chan ann a-mhàin nad sheasamh ach nad shuidhe, agus nach biodh iad ro theann mu na h-uinlean.

## An Lònan Dubh

An ath choinneachadh a bh' eadar Trish agus Aonghas, thuirt e rithe gun robh e air a bhith ga h-ionndrainn. Bha ise air a bhith an ceann a cosnaidh an oifis na h-iris am Manhattan far am biodh i a' tadhal nuair a bha feum air bruidhinn ri muinntir na h-iris agus cunntas a thoirt oirre fhèin, nuair nach biodh i air a' chois a-muigh a' sireadh annasan dhe gach seòrsa.

'Bha dùil agam gun robh thu air mo dhìochuimhn-eachadh,' ars esan. 'Cha robh dad a dhùil agamsa mo sheanchas a thoirt do dhuine sam bith, gun luaidh air duin' a bhuineadh dhomh. Tha mo latha-sa gu bhith seachad co-dhiù, agus cò aige tha fios nach dèan thu leabhar mun h-uile rud tha seo às dèidh dhòmhsa mo chùl a chur ris an t-saoghal. Chan fhaod thu a dhèanamh gus am bi mise air triall, 's e sin ma nì thu idir e. Tha tòrr agamsa fhathast ri innse ge b' e dh'èisteadh rium. Ach na toir thusa seachad mi gus am bi thu cinnteach nach bi diofar ann. Bhiodh sinne ag ràdh uaireigin, "Ma ghleidheas mise beanntan Ùig', gleidhidh beanntan Ùige mi."'

Thòisich Trish a' smaoineachadh nach biodh sìon a dh'fhios aicese an robh an duine seo beò no marbh no ann an ospadal nam b' e 's gum biodh i greis gun fhaicinn, nam b' e 's gum feumadh i bhith ceangailte ris an oifis bho àm gu àm. Cha robh seòladh aice dha – bha e air a bhith ro amharasach airson sin a thoirt seachad.

'S ann 's iad air an aiseag airson an treas tillidh a dh'iarr e oirre a thighinn chun an taighe. Cha b' e ruith ach leum! A' chiad uair na bheatha a bhiodh duine bha an càirdeas dha air cas a chur a-steach air an aitreabh. Stad an tagsaidh leotha ann an coimhearsnachd le pàirce chàilear – Westerleigh – agus à sin choisich iad gu sràid far an robh taighean àrda ùghdarrail – College Avenue.

Ged a bha poirdse beag air beulaibh an taighe, 's ann air a' chùl a chaidh iad a-steach. Mar gum biodh tu aig an taigh, smaoinich i. A-steach tro chidsin le na h-innealan agus na goireasan àbhaisteach. An t-àite cho glan ri prìne ùr.

A-steach leotha tro chùil a bha na bu duirche gus an do ràinig iad rum soilleir fosgailte a chuir mòr-iongnadh oirre. Cha robh i air a leithid fhaicinn a-riamh. Bha a h-uile balla san rùm air a pheantadh le seallaidhean de chnuic, de lochan, de sgòthan, de fhraoch agus de bheanntan fad-as, a' ruith na chèile. Sèithear no dhà agus àite-teine. 'Suidh,' ars esan, 'agus leig t' anail.' Gu dearbha, leig t' anail, smaoinich i. Agus suidhe cuideachd. Mus tuiteadh i.

Chuir e fhèin dheth a sheacaid 's a sgarfa agus chroch e iad air sèithear. Cha robh fios aice gu dè a chanadh i ris. Dìreach gàire de sheòrsa beag neònach eadar an dithis, mar gun robh iad air crìoch a chur air gnìomh. Seòrsa de riarachadh.

Thòisich i a' ruith air na ballachan, a sùil ann an cabhaig a' toirt a-steach na chitheadh i. Cha mhòr nach canadh tu gur h-e an aon dealbh a bh' ann ach le tionndaidhean eadar-dhealaichte air gach balla. Beanntan, lochan, sgòthan a' ruith a chèile ann an dòigh chiùin. Dathan ruadha-dhonn, soilleir-buidhe, dorch-uaine, cnapach odhar agus breac ballach. Agus shuas air mullach an rùm bha an tuilleadh dheth ga do cheithir-chuartachadh.

'Bidh mi,' ars esan, 'uaireannan a' sìneadh air an t-sòfa sin air a bheil thu nad shuidhe agus a' toirt nam ballachan a-steach gu lèir ann an aon ionnsaigh. 'S bidh mi nam inntinn a' cluinntinn a' bhradain a' leum anns

an linne, nuallanaich nam fiadh agus, thar nan uile, an
ceilearadh. Na seillein a' togail srann agus corra uan
a' mèilich. 'S e gòraich' na h-aoise a th' ormsa, gòraich'
na h-òige ortsa! Ha! Sin mar a bhitheas.'

'Dh'fheuch mi ri m' athair 's mo mhàthair a pheantadh
cuideachd ach cha deigheadh agam air. Cha do thog
mi liut sam bith air daoine a pheantadh idir – dìreach
am fonn. Tha an taigh làn dhiubh. Fada cus. 'S dòcha
gun tugainn dhut fear a dh'fhaodadh tu chrochadh san
oifis no aig an taigh. Tha feadhainn air leth agam shuas
an staidhre. Dè do bheachd air mar a pheant mi na
ballachan? Thug e bliadhnachan mòra bhuam.'

Dè eile a b' urrainn dhi a ràdh agus a' cheist air a cur
rithe cho dìreach, ach gun robh na ballachan a' còrdadh
rithe? Ach 's ann a bha iad dhìse mar shuaicheantas air
duine a bha a' dol a-steach ro dhomhainn na chùisean
fhèin, ged nach aidicheadh e sin a-chaoidh, ach a
dh'aindeoin aois nach robh fhathast air na snàithleanan
fhighe còmhladh. Ach carson a dh'fhigheadh?

Dè bh' annainn uile nar saoghal a-staigh ach sop às
gach seid, math 's gum bitheadh sinn air àmhailtean
dhaoine eile aithneachadh. Ach bha an rùm seo làn dhe
a chuid obair-inntinn agus a chuid obair-làimhe, agus
e fhèin air an allaban mar isean na sgèithe briste. Ag
ràdh nach biodh e a' faireachdainn ciont? Inns thusa
dhòmhsa! Chuir e truas oirre.

Chanadh tu gun robh fuaraidheachd air choreigin
san taigh, dìth beatha, bha e ro ghlan, gun dad air
uachdar bùird, gun ach giotraman no dhà air sgeilp.
Chanadh tu fiù nach bu chòir dha a bhith air a sheacaid
a chur air cùl an t-sèithir, agus gum bu chòir dha
bhith air an sgarfa fhàgail air, gun robh i na pàirt a-nis
dhen ìomhaigh a bha i air a thogail dheth. Gur i ann
an dòigh a bha a' cumail blàths anaim ris. B' fhada à

seo, agus b' fhaisg cuideachd, an geamair Bochanach.
Dh'fheumadh esan.

'Ivy,' arsa Trish, 'a bheil gin a dhealbh agaibh dhise,
i fhèin 's an teaghlach?'

'Well, tha, ach 's ann nam inntinn. Dìreach mar
m' athair 's mo mhàthair. Dè math dhut a bhith
a' coimhead ri dealbhan dhaoine, 's e na faireachdain-
nean a bha an cois nan daoine, 's iad a leanas. Chan
eil thu a' cur feum air gin a dhealbh airson sin. 'S ann
a tha thu nas fheàrr às aonais dhealbhan. Chan eil
dealbh a' glacadh ach mionaid ann am beatha neach
sam bith. Nuair a dh'fhalbh a' chlann, thug mi dhaibh
dealbh an duine dhen cheathrar againn. Cha do ghlèidh
mi fear dhomh fhìn idir. Chan eil sin ag ràdh nach
eil iad taisgte annam an àiteigin. Chan eil fianais ri
bhith agad daonnan air daoine a chiallaich rud dhut;
ged nach eil thu gam faicinn, chan eil sin ag ràdh gun
do thrèig thu iad. 'S urrainn dhad ghineal a dhol gu
iomall do smuain eadhon ged a bhiodh tu gam faicinn
an-dràst' 's a-rithist.

''Eil fhios agad, tha thu an-còmhnaidh a' togail
sheanchasan nad inntinn mu dhaoine a chì thu
no a b' aithne dhut, mise agus tusa cuideachd. Cha
ghabh sgur dheth. 'S ann às a sin a tha leabhraichean
a' tighinn, rud nach eil 's nach robh 's nach bi air a
thogail air nithean a bha 's a tha 's a bhitheas. Peantadh
dhealbhan – sin mar a tha cuideachd. Ealain sam bith.
Eadhon tàillearachd, aodach bhoireannach, chan eil
mac samhail ann. 'S e tòiseachadh a th' anns gach fear
a bheir chun an ath thòiseachaidh thu.'

## An Dosan

Fhuair Dòmhnall Seumas Iain fios an ceann cola-deug gun robh oparèisean a' mhanagain air a dhol gu math, agus gum faodadh e a thighinn ga togail nuair a gheibheadh e cothrom.

Cha mhòr gun do dh'aithnich e i. Sheall fear na ceàrdaich dha mar a shuidheadh i is mar a sheasadh i, mar a lùbadh i a glùinean agus a h-uinlean. Cuideachd b' aithne dhi a-nis an dàrna cas a chur thairis air a' chois eile, dìreach ion-mhiannaichte airson dreasaichean, agus airson aithneachadh am biodh sgiorta ro ghoirid no a' cur feum air rud beag a bharrachd fèitheim. Dh'aithnich an Dosan air a h-aodann sa bhad gun robh i fhèin toilichte, ach gu dearbha cha robh e a' dol a leigeil sin air a-staigh sa cheàrdaich. Chaidh sealltainn dha mar a ghabhadh a toirt às a chèile nam bithist a' faicinn sin freagarrach.

Well, cha robh esan ag iarraidh a bith ga toirt às a chèile, 's e aon rud a bh' ann sin a dhèanamh airson an opairèisein, ach a-nis gun robh i air a thighinn tron sin, cha robh esan ga fhaighinn ann fhèin a bhith a' cur fulang sam bith an taobh a bha i. Mar sin dh'iarr e air fear na ceàrdaich a gleidheadh airson seachdain, gus an ceannaicheadh esan, Dòmhnall Seumas Iain, bhan bheag anns am faigheadh i air suidhe gun feagal a bhith daonnan oirre gun robhas a' dol ga màbladh.

Cha robh e fada gus an d' fhuair e an dearbh rud a thigeadh air, bhan bheag uaine nach robh ach còig bliadhna a dh'aois agus nach robh air cus mhìltean a dhèanamh, agus a-null leis ga h-iarraidh. Thug e greis bhuaithe fhèin agus fear na ceàrdaich a cur na suidhe stòlda ann am fear dhe na seataichean cùil, le crios-teasairginn dùinte mu a bodhaig. Bha gàireachdainn gu leòr an cois sin, le fear na ceàrdaich ag ràdh gu saoileadh tu fèar gur e pearsa a bh' innte.

Bha an Dosan gu math dòigheil – Mijuc no dhà nuair a ràinig iad dhachaigh, inntinn a' fàs na bu shòlasaiche, agus a' Mhaini bhòidheach mun àm sin sgeadaichte ann an trusgan a rinn e dhi a dh'aon ghnothach: froca de thartan nam Bochanach, na daoine dhan robh e thall san Tulach Mhòr bho chionn fhada an t-saoghail a rèir a sheanar a bhàsaich nuair a bha esan beag. A, well, smaoinich e, chaidh a' chuibhle mun cuairt.

Chuir e ise na suidhe an ceann a' bhùird fhad 's a bha e fhèin a' gabhail a theatha, a h-uinlean air a' bhòrd 's i a' coimhead a-mach air an uinneig. 'S dòcha, ars esan ris fhèin, gun iarr mi air Mòrag an t-Solais a thighinn a-steach ga faicinn an ath thriop a bhios i a' toirt a' choin cuairt.

Cha robh aige ri fuireach na b' fhaide na am feasgar sin fhèin. Bha e air dà Mhijuc a ghabhail airson gum faireadh e cofhurtail agus gum biodh an aigne aige air glanadh. Agus abair glanadh, dìreach mar fhras uisge ag ùrachadh na talmhainn air latha tioram samhraidh. Agus nuair a nochd Mòrag agus an cuilean chaidh e mach nan coinneamh, ma b' fhìor gun robh e a' poitsearachd eadar an t-seada 's an taigh 's gun thurchair e orra san dol seachad.

Bha h-athair gu math, thuirt i, agus a' bhò, agus na cearcan. Gàireachdaich beagan aotrom agus faoin eatarra, an dithis mar gum biodh iad a' tuigsinn gun robh reumhag air choreigin ga h-ùr-stèidheachadh, gach uair a bhiodh iad a-nis a' coinneachadh. Gun robh a' chùis a' dol gu math agus gur ann a' tighinn a bhiodh am piseach.

Choisich e còmhla rithe sìos chun a' chladaich. Chan iarradh tu feasgar na b' eireachdail. 'Nach math a bhith beò,' ars esan, 'anns an àite seo 's e na uile mhaise?'

'Cha chanadh tu sin,' ars ise, 'nam biodh tu air a bhith ann cho fada riumsa. Càit a bheil na daoin' agad co-dhiù? An deach tu mach orra 's nach bi iad a' tadhal uair sam bith?'

'Cò a thuirt riutsa nach biodh iad a' tadhal? Dè fios a th' agadsa?'

'Chan eil agamsa ach mar a thathar ag ràdh.'

'Cò tha ag ràdh dè?'

'Ist dheth. Cha chan sinn an còrr mu dheidhinn.'

'Canaidh sinn,' ars esan. 'Chan eil dad a ghnothaich aca a bhith a' bruidhinn ormsa. Seall na tha mi a' dèanamh dhaibh – a h-uile seòrsa rud: càil ach a thighinn a dh'iarraidh Dhòmhnaill Sheumais Iain ma bhios cobhair sam bith a dhìth. Bhithinn duilich nam biodh tusa cuideachd a' dol dha na h-eadraiginn.

'Bhithinn an dòchas gu seasadh tusa mo chliù.'

'Nach eil fhios agad,' ars ise, 'gum bi a h-uile duine ann am baile a' bruidhinn air na daoine eile. Chan eil sin ach a' sealltainn gu bheil thu nad phàirt dhen t-saoghal aca. 'S e a th' ann seòrsa de dh'òran molaidh.'

'Chan e. Tha daoine air a bhith a' fanaid ormsa bho riamh. Eadhon nuair a bha mi san sgoil. Eadhon na tidsearan. Tha cuimhn' a'm fhathast air a' bhàrdachd: "Tha mi càiteach tinn, tha mi sgìth làn dochair, ceangal air mo bhuill, cha dèan mi ceum coiseachd, mallachd air an rìgh thug am breacan dhinn, guidheam air beul sìos on a shìn e 'n t-osan." Agus thòisicheadh an clas a' sitrich fon anail, agus chanadh an tidsear, Chan e an Dosan, ach an t-osan. Osan, sin agaibh stocainn." Agus dheigheadh an clas agus an tidsear gu 'n druim. Cha do smaoinich duine ormsa, agus sin mar a tha fhathast.'

'Frionas,' thuirt Mòrag. 'Sin an rud a th' ortsa – frionas. Cuir gu feum e. Tòisich a' peantadh a bharrachd air a bhith a' togail dhealbh, no sgrìobh leabhar.'

Mus robh fhios aige gu dè a bha e ag ràdh, bha na facail a-muigh. 'Tha mi a' sgrìobhadh leabhar,' ars esan.

'Cò mu dheidhinn?'

'Fear ris an canaist Iain Beag Chùl nan Cnoc.'

'An e taibhse a th' ann?'

'Dh'fhaodadh gur h-e. Taibhse a dh'fhuirich beò. Beò annamsa co-dhiù. Fear mum bithinn a' cluinntinn. Tha mi dhen bheachd gu bheil e gam chur droil. Thig e is falbhaidh e. Bidh mi a' bruidhinn ris. Nam cheann, 'eil fhios agad.'

'Am freagair e thu?'

'Sin gu leòr, a Mhòrag. B' fheàrr leam nach bithinn air innse dhut. Cha bhi thu fhèin a-nis ach a' fanaid.'

Agus mar sin cha do dh'iarr e a-steach idir i, oir bha guth na cheann gu làidir a' toirt dha earal gun a leithid a dhèanamh. Gun robh boireannach aige mu thràth nach leigeadh sìos e ann an dòigh sam bith, tè ris am faodadh e a chridhe fhosgladh le earbsa agus deagh ghean. Cha b' e a h-uile duine aig an robh sin.

'S nuair a sheas e ri taobh Maini air dha tilleadh a bhroinn an taigh' le a làmh air a gualainn 's a thuirt e rithe, "Thèid mo mhulad-sa air fuadach nuair a bhios mo ghaol rium teann", bha fios aige gun do thuig i e, oir cò bha a' cur feum air cus bhriathran aig àm cho brìoghmhor?

*    *    *

Bha Dòmhnall Seumas Iain air a thighinn a-mach à bùth ann an Steòrnabhagh far an robh e a' ceannach shnàithleanan nuair a bhuail e fhèin agus athair na chèile cha mhòr ann an clàr an aodainn. 'Mo chreach!' ars iadsan nan dithis. Cha robh iad air coinneachadh bhon latha a dh'fhàg e an taigh bho chionn ghrunnan bhliadhnachan. Bha e aca mar fhasan a bhith a' bruidhinn air a' fòn mu dhà uair sa bhliadhna, agus bha sin a' dèanamh a' chùis. Ach an cois a' choinneachaidh seo bha nàdar de mhì-dhùil – a' tighinn air a chèile às annas air sràid am measg dhaoin' eile. 'S nuair a bhiodh an Dosan a' coimhead air ais shaoileadh e gur dòcha gun robh a' mhì-chinnt sin air a bhith riamh eatarra, gun fios aig amannan gu dè a chanadh iad ri chèile, an robh còir ceist a fhreagairt no idir tè a chur. Chaidh iad a ghabhail copan teatha còmhla ann an cafaidh, rud nach robh iad air a dhèanamh a-riamh nam beatha.

'Bu chaomh leam,' arsa Dodo Ruadh, 'an t-àite agad fhaicinn uair no uaireigin; tha thu air dèanamh math air do shon fhèin. Bha dùil agam gun tilleadh tu an latha ud a dh'fhalbh thu le do phoca air do dhruim. Bha do mhàthair ceart. Tha e a' dèanamh feum do dhuine falbh.'

'Dè mar a tha i co-dhiù?'

'Tha,' arsa Dodo, 'a' brunndal mar as àbhaist. Cha sguir sin gu latha luain. Tha i dhen bheachd gu bheil thusa nas fheàrr dheth gun dragh a bhith againne dhìot. Ach cha robh thu riamh nad dhragh dhòmhsa, a Dhòmhnaill. Mhiannaicheadh i fhathast gum biodh tu a' dèanamh rudan fireann, mar a their i fhèin, 's chan ann a' dèanamh aodach bhoireannach agus a' togail dhealbhan. Ach 's ise a thug ormsa na caoraich a chur bhuam agus sgur dhen mhòine, 's mar sin cha d' fhuair thusa air na rudan sin ionnsachadh a bhiodh air do ghleidheadh againn fhìn.'

'Cha chreid mi gum bithinn airson an ionnsachadh co-dhiù. Chan eil mòine aig duine an-diugh.'

Agus anns a' chòmhradh air ais 's air adhart chaidh aig Dodo air innse nach robh mòran aige fhèin a chumadh a' dol e, gun dh'ionndrainn e Dòmhnall Seumas Iain gu mòr agus gun robh e a' caoidh nach do rinn e barrachd na chuideachd anns na làithean tràtha. Dè 'm math a bha sin?

Ach tro bhith a' toirt tachartas no dhà air ais gu cuimhne gach duin' aca, dh'fhiosraich iad saorsa de sheòrsa air choreigin – bannan a bha e air a bhith duilich dhaibh a chur an cèill. Cha b' e dìth cainnt a bh' air a bhith orra idir, ach rudeigin co-cheangailte ri dìth suaimhneis a bha a' tighinn eadar iad agus briathran.

Cha robh an aois air laighe idir air Dodo Ruadh sna bliadhnachan ud. Bha e air cumail ris glè mhath. Bha te dhe na seacaidean clòtha agus lèine chàilear ghorm air – e air beagan cuideim a chall agus beagan fuilt. Ceum uallach gu leòr agus brògan ruadha leathair le barraill. 'S ann a bha an Dosan a' faireachdainn caran loireach ri thaobh le na seann jeans agus am pòlo dubh.

Lùigeadh e bhith air faighneachd dha athair dè a chaidh ceàrr. Ceàrr air dhòigh 's nach robh mòran buntanais eadar duine a bh' ac' ann. Clann Debbie – cha robh e air am faicinn a-riamh na bu mhotha na bha athair no a mhàthair. Teaghlaichean eile, shaoileadh tu bhon taobh a-muigh co-dhiù, le aoibhneas orra a bhith an lùib a chèile am measg càparaid na beatha. Chan eil fios gu dè am freagairt a bhiodh athair air a thabhairt. Tha fhios gun robh e na adhbhar smaoinich dha, nan leigeadh e dha inntinn a bhith a' riagail.

Bha iad air tòiseachadh air an dàrna copan nuair a thuirt Dodo, 'A bheil dad mar leannan agad? 'S iongantach mura bheil boireannaich òga sgeilmear shuas an sin?'

'M-m-m,' arsa Dòmhnall Seumas Iain.

'Bhiodh e math dhut boireannach a bhith nad bheatha, no cuideigin sam biodh earbs' agad.'

'Gu dè tha sibh a' ciallachadh – cuideigin?'

'Well, cuideigin ris am bruidhneadh tu, fhad 's nach biodh iad a' dèanamh cus bidsigeadh agus a' bruidhinn air ais, a' toirt do chasan bhuat a h-uile mionaid a gheibheadh iad. Ach gun iad a bhith ro shàmhach.'

'Aidh,' fhreagair e. 'S airson a chur far na slighe thuirt e, 'Tha dà bhoireannach nam bheatha. Tè spaideil agus tèile aig a bheil bò is cearcan agus measan coin.'

'Tha sin cunnartach. Feuch nach dèan thu cron ort fhèin!'

Agus ge b' e no nach b' e am Mijuc a bu choireach, thòisich an Dosan a' faireachdainn faisg air an duine seo air nach robh e air cus eòlais a chur a-riamh ged a bha iad a' fuireach fo na h-aon chabair suas ri fichead bliadhna. Bha ruith na fala cumhachdach gu leòr, ach 's ann a thòisich e a' cuimhneachadh air an aon chuairt air an tug athair a-riamh e na òige a-mach gu Port na h-Àirigh agus a thug e dheth a bhrògan 's a bhog e a chasan san allt agus a sheinn athair bloigh amhrain: "Nuair a dhìreas mi chun a' chruadhlaich 's a chì mi 'n cuan air an robh mi eòlach, bidh na deòirean a' ruith bhom shùilean mar shruthan bùirn ann am meadhan mòintich." Agus thàinig sàmhchair ged a bha iad am measg dhaoine eile aig bùird, sàmhchair na foise, agus dè am mì-shealbh an diofar ged a bhiodh fios aig Dodo mun mhanagan – cò dha a bha e a' dol a dh'innse co-dhiù?

'Nach sibh a tha spaideil,' thuirt Dòmhnall Seumas Iain ann an sìth a' chompanais. 'Cà' il dùil ribh?'

'Tha mi a' dol dha Na Hearadh.'

'Na Hearadh?'

'Bidh mi a' dol a chèilidh air tè a dh' aithnicheas mi thall an sin.'

'Dè cho tric?'

'Cho tric 's a thogras mi!'

'Cò ris a tha i coltach?'

'An t-ubhal as àirde!'

'Tha mi creids' gun dh'ith sibh an t-ubhal bho chionn fhada!'

'Mas e sin a chanas tu ris!'

'Na dèanadh sibhse cron oirb' fhèin a bharrachd!'

'Bidh mi ga cuideachadh le forms na turasachd agus le bhith a' cumail rian air taobh a-muigh an taighe. Aon uair 's gun do dh'fhalbh thusa, shaoil mi gum b' fheàrr dhòmhsa coimhead a-mach air mo shon fhìn. Gun robh thu air slighe fhosgladh romham a bu chòir dhomh a leantainn. Falbh bhon taigh ann an seagh eile agus rudeigin a bhith agam dhomh fhìn. Tha an ceum duilich an toiseach, ach thig an cleachdadh. Chan ith an ciont thu mura leig thu dha.'

'Cuin a bhios sibh a' tilleadh?'

'Feasgar a-màireach.'

'S a-mach leis an dithis aca gu pàirc nan càraichean le ceum sunndach nàdarrach mar gum biodh iad air aideachadh maireann a dhèanamh air Latha Ceiste.

## An Lònan Dubh

'Am bi sibh ag ionndrainn na beatha a bh' agaibh? 'Eil fios agaibh – nuair a thàinig sibh an seo an toiseach?'

'Cha bhi. Saoilidh mi nach robh i riamh agam. Tha mise air a bhith beò ann an seòrsa de dh'uaigneas bho chionn fhada. Cha mhòr g' eil mi cinnteach cò mi, ach tha mi air ionnsachadh cumail a' dol. Dh'ionnsaich mi sin nuair a bha mi òg; bha a leithid dhinn ann. Do shlighe fhèin a dhèanamh – well, tha fhios agam gu bheil sin aig a h-uile duine ri dhèanamh, ach cha bhiodh duine a' dèanamh othail sam bith, oir cha robhas a' dol a dh'èisteachd riut co-dhiù. A' dearbhadh 's a' trod am measg a chèile aig amannan. Sin far an robh a' mhòinteach mhòr cho prìseil – cha chuireadh duine dragh ort. Cha robh fios agamsa dè a dhèanainn air mo shon fhìn, ach gu dearbha chan e an seòrsa beatha a lean mi a bh' agam san amharc. 'S dòcha gum b' urrainn dhòmhsa a bhith air a bhith nam pheantair iomraiteach nam bithinn air aithneachadh gun robh comas sam bith agam sna h-ealain. An àite sin bha mi glaiste, agus 's e glaiste am facal ceart air a shon, ann an togalach mòr a' priontadh gus an robh mi cho sgìth dheth 's a bha an gobha dhe mhàthair.'

'Dè mu dheidhinn sgrìobhadh no leughadh?'

'Ha! Bhiodh m' athair ag ràdh gun robh mòran leughaidh na sgìths dhan fheòil! Agus sgrìobhadh – well tuigidh tu fhèin nach robh sgrìobhadh Gàidhlig agam. Bha Beurla agam, ach chan eil sin ag ràdh gum b' urrainn dhomh sgrìobhadh tarraingeach a dhèanamh innte. Cha ruigeadh i air an t-seòrsa rud air am biodh agamsa ri iomradh a thoirt. Dheigheadh agam air a sgrìobhadh coileanta gu leòr, ach 's ann air uachdar na cùise. Bha gu leòr Gàidhlig sa Bhìoball agus bha againn ri èisteachd rithe a h-uile oidhche 's a h-uile madainn, mu dheidhinn nan tachartasan a ghabh àite sna tìrean cèine nach buineadh dhuinne idir. Nach bu neònach sna làithean sin mar a leughadh na bodaich am Bìoball Gàidhlig a-mhàin, airson an t-adhradh a chuartachadh. Thug mise bliadhnachan a' smaoineachadh gur e am bìoball an aon leabhar Gàidhlig a bh' air an t-saoghal. Gun robh e sa Ghàidhlig bho thùs. 'S e sùileachan a bh' ann dhomh nuair a thuig mi gur e eadar-theangachadh a bh' ann bho sgrìobhadh à rìoghachd eile. 'S ann bho thàinig mi a-nall an seo a thuig mi gur iongantach mura biodh leabhraichean Gàidhlig eile ann cuideachd! Nach sinn a bha aineolach! Gheibh siostam grèim ort ged nach biodh iad a' stobadh càil sìos nad amhaich dheth. Sùghaidh e steach na dhòigh sheòlta fhèin. Sin bu choireach gun rinn mise cho math aig

a' phriontadh: lean mi a h-uile riaghailt agus gun gin
dhiubh sgrìobhte agus gun gin dhiubh a cheasnachadh.
Gan togail le bhith gan coileanadh. Seach gun robhas air
an ainmeachadh uair no dhà – bha sin gu leòr. Sin an
dòigh as fheàrr, gus an sluig thu nad inntinn iad. Thug
mi fhìn a-steach feadhainn às ùr cuideachd nuair a bha
mi os cionn na h-earrainn agam fhìn agus lean càch a
bha fodham iad gun thuirt gun tho. Bheireadh daoine
feart an uair ud; bha iad toilichte obair a bhith aca. Tha
aonaidhean air a h-uile dad a chur troimh-a-chèile.

"S e a chur às dhòmhsa gun thurchair mi bhith
san t-seasamh air an làr-phriontaidh aon latha nuair
a thòisich am buaireadh. Albannach 's Ameireaganach
a' tarraing às a chèile mun dòigh-còmhraidh. Cha robh
fios aig duine gur e Albannach a bh' annamsa. B' fheudar
dhomh a dhol dha na h-eadraiginn mus fhàsadh a' chùis
ro shalach. Ghabh mi taobh an Albannaich, duine òg
càilear à Glaschu. Chrean mi air ge-tà. Bha an dithis
aca ciontach nan dòigh fhèin. A' piobrachadh agus
a' putadh agus a' brosnachadh, chitheadh duine sam
bith gun tigeadh an rud gu aon 's gu dhà.

'Aon oidhche 's a h-uile càil seachad, thàinig an
t-Ameireaganach às mo dhèidh 's e a' maoidheadh
orm. "A' gabhail taobh duine à àit' eile," thuirt e.
"'S chan e mhàin sin, ach luidean de dh'amadan nach
ionnsaich priontar a làimhseachadh ri mhaireann."
'S ann sa mhionach a thug e dhomh dòrn. Abair
ciùrradh. Thug e mo chasan bhuam. Leag mi tè air an
cùl na h-amhaich nuair a thionndaidh e chùlaibh 's e
an dùil falbh, agus siud e chun an làir na chnap. An
ath latha thug e mi air beulaibh an obhnair. Bha làrach
airsan seach gun bhuail a cheann air an làr, ach cha
robh ormsa ach làrach a bha fom aodach. Chaidh mi
às àicheadh ... well, seach nach robh ann ach sinn fhìn.

B' fhada bho fhuair mi mach nach robh e gu math a bhith ag aideachadh ris a h-uile rud, dìreach an rud a dh'fheumadh tu. Cha d' fhuair mise àrdachadh bhon uair sin, agus cha robh mi ro dhòigheil a bhith nam measg. Chùm mi fhìn 's an t-Ameireaganach astar math bho chèile às dèidh sin.

'Ach, a bheil fhios agad air a seo, bha rudeigin timcheall air fear Ghlaschu a bha gam tharraing. Bha sin bhon a' mhionaid a leag mi mo shùil air. Agus 's ann bliadhnachan às dèidh sin a thuirt mi, an dùil ... an dùil ... ?

'Well, cha d' fhuair mi riamh a-mach. 'S ann às dèidh dha Annag innse dhomh mu Sheonaidh Dùsain a bh' ann, a' beigearachd ann an Glaschu. Thug e breab air m' inntinn sa mhionaid sin fhèin. Aithneachadh, gun cheist, gur e Seonaidh a bha am fear seo air a thoirt a-steach orm, barrachd na ghluasad na ann an rud sam bith eile. Ceann beagan crom. Sin bu choireach gur e luidean a chaidh èigheach air.

'Tha mi an ìre mhath cinnteach an-diugh gur e a mhac a bh' ann. Ge bith an b' e no nach b' e, tha mi toilichte gun ghabh mi ri fear Ghlaschu. Sheas Seonaidh mise uair dha robh 'n saoghal, agus 's e dòigh a bh' ann air sin a phàigheadh air ais. 'S dòcha nach robh cuid no gnothaich aca ri chèile, ach bha rudeigin ann – reumhag air choreigin. Angus Crawford a bh' air. Goirid às dèidh sin dh'fhàg e. Chan fhaca mise a dhubh no a dhath bhon uair sin.

'B' fheudar dhòmhsa fuireach. Chan fhaighinn obair an àit' sam bith eile ged a bhithinn air feuchainn. Agus bha mi fhathast a' pàigheadh airson na cloinne gus am faigheadh iad cùram ceart san dachaigh chrìosdail.'

'S ann agus an còmhradh a' dol a-null 's a-nall a chuala i e mar gum b' ann a' dèanamh teatha agus clag

an dorais a' toirt gliong. 'Faigh thusa siud,' ars esan.
'Mas ann a' reic dad a tha iad can riutha taigh 'Ain
Ghròt a thoirt orra.'

Bha boireannach aig beulaibh an taighe, rucsac air
a drùim agus i a' goraireachd a-steach dhan phoirdse
ghlainne.

'Seadh?' arsa Trish.

'John Small,' ars am boireannach le ceist. 'Does
John Small still live here?' Thàinig e mach às a' chidsin,
tubhailt-shoithichean na làimh. Siud am boireannach
a-steach dhan lobaidh. Agus siud Iain agus i fhèin
a' stad cruaidh. Cho cruaidh ri luaidhe. Gun ghluasad.
Co-dhiù mionaid a' dol seachad. An uair sin a' beirtinn
air làimh air a chèile, foirmeil mar gum b' eadh, le
beagan stadaich ach le seòrsa de charthannas agus
dìreach a' geur-choimhead a chèile. Gun a dhol ro
dhàna, gun a dhol ro fhaisg.

'Ema,' ars esan, 'well, well!' agus an còmhradh
a' dol air ais dhan Bheurla mar a bha a' chiad uair a
choinnich e fhèin agus Trish air an aiseag.

'Agus cò a th' agam an seo?' ars Ema, mar gun robh
e dligheach dhi fios a bhith aice. 'Sin agad Trish,' thuirt
esan agus faochadh air gun d' fhuair e air freagairt ro
Trish fhèin.

'Bidh i a' sgrìobhadh artaigilean – à Alba a tha i.'

Dhà no thrì fhaclan eadar Trish agus Ema an uair
sin.

'Agus dè am pàirt de dh'Alba?' thuirt Ema.

'Well, a bheil thu air a bhith an Alba a-riamh?'

'Tha.'

Choimhead esan agus Trish ri chèile.

'Okay. Well, tha mise à Eileanan na h-Alba.'

'Dè am fear dhiubh?'

Leig esan dha Trish gabhail ar a h-adhart. Cha

shaoileadh e gum brathadh i e, gum b' aithne dhi a bhith air a faiceall.

'Fear ris an can iad Eilean Leòdhais.'

'Ò,' ars ise, 'tha mi air a bhith ann.'

'Seadh! Na chòrd e riut?'

'Well, dìreach mar eilean sam bith eile air taobh an iar Alba. Bha e na bu mhotha na bha dùil agam.'

'Cuin a bha thu ann?'

'Chan eil buileach fada bhuaithe. Tha mi air bliadhna a ghabhail dheth airson a dhol air chuairt agus sin far an do stad mi. Tha Gàidhlig ga bruidhinn shuas an siud fhathast. Blas annasach air a' chànan sin. Bha i aig tè a' Bh & B san robh mis' a' fuireach. Chaidh mi a dh'èisteachd ri searmon Gàidhlig ann an Steòrnabhagh.'

'Dè mar a bha sin?'

'Seinn mar pìob-chiùil. Bhean i rium. Tromham chun an smior-caillich. Bha sìth na Sàboind iongantach – onghail a' bhaile mhòir a' dol na tàmh airson aon latha. Agus bha an t-seinn cho maiseach. Cho maiseach. Shaoil mi gun do bhruidhinn an t-seinn rium. Saoilidh mi gu bheil mi a' cluinntinn fuaim na seinn sa ghuth agadsa. Bheil Gàidhlig agad?'

'Tha.'

Bha Trish agus Iain air bhioran. Cha robh seo math idir, idir.

'Tha sin agad a bharrachd oirnne, Trish – an tuirt thu gur e Trish an t-ainm a th' ort? Seall, Dad, cho math 's a bhiodh e nam biodh cànan eile againn. Saoilidh mise gu bheil e gu math dhad eanchainn grunnan chànan a bhith agad. Tha a' Bheurla ... cho Beurla ... air choreigin ... nach saoil sibh?'

'An ann a' dol seachad a bha thu, Ema, no an tàini' tu dh'aon ghnothaich?'

'A dh'aon ghnothaich. A dh'fhaicinn an robh sibh san taigh seo fhathast.'

'Tha mise beò an seo leam fhìn,' ars esan sa Bheurla chruaidh Ameireaganach.

'Tha an taigh beagan eadar-dhealaichte,' ars ise. 'Cò a pheant na ballachan mar sin? Agus fear air mullach an rùm cuideachd. Tha sibh air cùisean atharrachadh. Ach 's e an aon taigh a th' ann – an aon taigh. Cha robh mi ach naoi bliadhna. Bha Gordon trì-deug.'

'Mi fhìn a rinn iad.'

'Sin rudeigin mar a tha pàirtean de dh'Eilean Leòdhais, nach ann, Trish? 'Eil fhios agaibh, Dad, an t-Eilean ud ann an Alba air a bheil sinn dìreach air a bhith a' bruidhinn. Tha mis' a' teabachdainn a dhol air ais ann. Tha monaidhean mòra ann, lochan agus beanntan ann an àiteachan. Tràighean nach fhaca mise an leithid a-riamh.

'Cha chaomh leam mar a tha na ballachan agaibh, le bhith ag innse na fìrinn. Tha iad caran neo-bheothail. B' fheàirrd' iad corra chraobh an siud 's an seo. Raointean gorma, 's dòcha. Starain bheaga – taighean no rudeigin. Chan eil càil torrach annta.'

Bha i an dòchas gun ghoirtich i e. 'An e an copaigeadh a rinn sibh? Bho chairtean?'

'Cha b' e.'

'Cha robh dùil agam gum biodh sibh fhathast san taigh. Tha e gu math mòr do dhuine leis fhèin. À, 's dòcha nach eil sibh leib' fhèin,' 's i toirt sùil a-null gu far an robh Trish.

Shuidh iad, a' coimhead a dh'àit' sam bith ach ri chèile.

'Cha robh mis' an seo bho chuir sibh a-mach mi fhìn is Gordon. An latha ud a thug sibh sinn chun na dachaigh crìosdail, agus a rinn sibh dilleachdain dhinn.

Bha na parsailean agaibh math agus bha na toys math agus bha e math nuair a thigeadh sibh leotha, ach cha leigeadh cùisean a leas a bhith air a bhith mar siud. 'S cha do bhruidhinn sibh air Mam rinn a-riamh. Mam bhochd. Cha robh dad againn ach an dealbh ud dhen cheathrar againn. Ìomhaighean ann an cèis. Sgaradh uabhasach. Rinn e lag agus làidir mi aig an aon àm. Cha d' fhuair mi riamh seachad air.'

'Nach eil fhios agad gun d' fhuair. Tha thu an seo fhathast. 'S e mar a thachair as coireach gu bheil. Cuin a chuala tu bho Ghordon?'

Rud sam bith airson an còmhradh a sgaoileadh.

'Tha iomadh bliadhna bhuaithe. Tha mise air a bhith nam mhiseanaraidh sna tìrean cèine fad bhliadhnachan. Chan eil sinn ann an tobha ri chèile air sgàth sin. Duine fad-às. Rudeigin mar sib' fhèin. Feumaidh a h-uile càil a bhith bhon t-sealladh aigesan. Cha d' fhuair duine seach duin' againn carthannas de sheòrsa sam bith san dachaigh chrìosdail, dìreach do bheathachadh agus do chumail glan. 'S e rud bochd a th' ann a bhith gun dachaigh air do chùl – do mhàthair air bàsachadh agus d' athair suaint' ann fhèin.'

'Well, 's ann leis a' bharrachd a chuir mi ann sibh. 'S iongantach mura h-iad a rinn miseanaraidh dhìot. 'S iomadh rud a dhèanadh tu na bu mhiosa na sin.'

'Tha mise air a thighinn seachad an seo dà uair an t-seachdain sa. Aon dhiubh sin thàinig mi chun an dorais, ach cha robh sgeul air duine. Choimhead mi steach uinneag a' chidsin agus chithinn gun robh cuid dhe na seann phris an-àirde fhathast. Leig mi na ràin, ach cha chuala duine mi. Agus Trish, tha mi duilich gur ann mar seo a tha thu a' cluinntinn sgeulachd an teaghlaich agamsa. Agus seall, an stoca thartain sin, tha i cho dubh dhomh ri Dubh a' Ghiuthais. Chan eil fios agam dè am faoineas a tha an lùib i bhith oirbh, mar gum bàsaicheadh sibh nan tugaist bhuaibh i. Cha mhòr gum faca mi sibh a-riamh às a h-aonais.'

Cha b' e gun tuirt ise Dubh a' Ghiuthais. Cha robh Gàidhlig aice.

Smaoinich Trish gun dèanadh i às. Cha robh i airson a bhith na fianais air a' chòrr. Bha i air fàs caran ceangailte ri John Small, bràthair a seanar, agus bha e duilich dhi a bhith a' faicinn duine dhe latha a' faighinn shabhtagan eadhon ged a bhiodh e airidh orra.

'Well,' ars ise 's i ag èirigh, 'tha mis' a-nis a' falbh. An dòchas gun tèid cùisean gu math.'

Rinn esan seòrsa de leth-cheum às a dèidh, ach bha i muigh 's a' coiseachd mus do sheall e ris fhèin.


## An Dosan

Bha an Dosan a' fàs gu math sgìth dhen leabhar. Bu chòir fios a bhith aige nach b' e sgrìobhaiche a bh' ann. Bha na caractaran a bha e a' cruthachadh ga ghonadh. Mar bu mhotha a dhealbhadh e iad, 's ann bu cheangailte riutha a bha e a' fàs. Bha e a' dol nan lùib cus. Shaoil leis gun robh e a' tòiseachadh ag aithneachadh John Small agus a' dlùthachadh ris ged nach robh sin air a bhith furasta. Cuideachd a' gabhail truas ris. A' smaoineachadh air a-null 's a-nall air an aiseag agus a shùil a' feuchainn ri sireadh air choreigin a dhèanamh air àmhailt sam bith a bheireadh ciall dha bheatha. Agus smaoinicheadh e an robh e aig a' cheart mhionaid seo air an aiseag, 's bha fhios aige nach gabhadh sin a bhith, oir cha robh a leithid ann ach na smuaintean fhèin.

Bhiodh làithean ann a bhiodh e a' bruidhinn ris. Sin far an robh smuaintean cho math: leigeadh iad leat rud sam bith a dhèanamh.

Agus b' urrainn dha Aonghas a bhith aige air cuideachd. Dithis ann am broinn aonain.

'Sin mar a tha mi fhìn 's tu fhèin, a Mhaini. Bloighean dhe chèile!'

Rinn e an-àirde inntinn nach robh e a' dol a thoirt an leabhair air adhart an-dràsta. Bha e air uallach ro mhòr a chur air agus a' buntainn ri a shubhailcean aig amannan. Bha e a' call a chadail le bhith a' smaoineachadh air a' gheamair a' bàsachadh sa bhothaig thall aig bun na h-aibhne, agus mar a tha aig duine ri atach nan nithean sin a ghiùlain fad am beatha às dèidh sin. Thòisich e fhèin a' smaoineachadh gum bu chòir dha an t-àite a chur ri aghaidh reic agus dèanamh às a-null thairis gus a bheatha thràth a chur air dhìochuimhn', ach 'Well mar a tha fhios agad fhèin, a Mhaini, tha do bheatha gu h-iomlan an-còmhnaidh nad chois, ge b' e càit am bi thu.'

Thòisich e a' smaoineachadh gum bu chòir dha feuchainn a-null a shealltainn air a mhàthair, gu h-àraidh seach gun robh Dodo le shùil ann an àit' eile. ''S nach neònach sin,' thuirt e ri Maini, 'rinn an rud a thubhairt e beagan dragh dhomh, a' falbh dha Na Hearadh mar siud gun fhios dhi, gun tuigse aice gu cinnteach gu dè fàth a thurais, no an robh, no am biodh diofar leatha? Thug e smaoineachadh orm no rudeigin mar sin. Bidh m' inntinn uaireannan a' reothadh air aon chuspair. Cha ghluais i ach a' slaodadh nan rudan as miosa a-mach à uaigneas na cuimhne 's gan càradh mar gum b' ann air tom agus starragan gam bìdeadh 's gan cagnadh. Chan urrainn dhòmhsa na rudan sin innse dha duin' eile. 'S tusa, a Mhaini, mo bhean eanchainneil, agus glèidh thusa cuimhne air a sin. Cha tig duine nad àite. Ma chì thu leithid Mòrag an t-Solais a' tighinn an seo, no mise a' dol thuicese, 's ann airson gum bi i na mnaoi inntinneil dhomh. Tha lùban na h-inntinn 's na h-eanchainn cho fada bho chèile 's nach leig a leas feagal sam bith a bhith ort.'

Cha tuirt ise dad, na suidhe an siud na h-èideadh, ach bha fios aige gun robh i a' tuigsinn a h-uile dùrd. Agus an oidhche sin nuair a nochd Mòrag an t-Solais mar a b' àbhaist leis a' mheasan coin, dh'iarr e a-steach i airson a' chiad uair.

'Mo chreach,' ars ise, 'nach saoil thu fèar gu bheil an rud sin beò, gur e boireannach ceart a th' innte. Saoilidh mi gum bu chòir dhomh hallò a ràdh rithe. A bheil ainm agad oirre?'

Chan fheumadh duine a h-uile dad a fhreagairt. 'Seadh, a chuilein, 's dè mar a tha thu fhèin a-nochd? Cuilean snog!' ars an Dosan agus e ga shlìobadh.

Bha an Dosan iomnach. Bha e duilich gun do dh'inns e dha Mòrag mun leabhar, eagal 's gun innseadh i do chàch e 's gum biodh iad a' fanaid air. Ag ràdh rudan air cùl a chinn ged a bhiodh iad snog gu leòr ri bhus. Bha e air tòiseachadh a' faireachdainn gur dòcha gun tubhairt i e ri cuid, oir shaoil leis gun robh duine no dithis air gloc gàire a dhèanamh nuair a bha e a' gearradh an fheòir dhaibh sna feasgair. Agus bha uair eile a bha e mionnaichte gun robh fear dhe na puist teileagraif ag èigheach ris, 'Sgrìobh … sgrìobh … sgrìobh … a Dhosain a' chinn mhòir.'

Agus le a cheann làn dhe na rudan sin, thuirt e ri Mòrag, ''Eil cuimhn' agad gun tuirt mi riut gun robh mi a' sgrìobhadh leabhar? Well, chan eil a-nis. Tha mi a' dol a chur às dha. Sgudaidh mi às e a-steach a dh'fhànas an eadar-lìn.'

'Carson,' ars ise 'a dhèanadh tu sin?'

'Dìreach gun dèanadh … agus sin e. Faodaidh tu a-nis innse dhaibhsan ris an robh thu a' bruidhinn mu dheidhinn nach eil a leithid gu bhith ann, gus an sguir iad a dh'fhanaid.'

'Cha do dh'inns mise dha duine. Cha bhi mis' a' bruidhinn ri daoin' eile mu chàil a tha a' dol eadarainn-ne. Bu chòir fios a bhith agad air a sin.'

Agus às dèidh abhsadh sa chòmhradh, thòisich iad a' bruidhinn air an aimsir agus air na planntraisgean a bha a' fàs san leas, gus an do dh'èirich i 's gun tug i a casan leatha air ais a-null cùl a' ghàrraidh.

Agus an sin shaoil leis an Dosan, gu dearbha bha e cinnteach, gun robh am post teileagraif ag èigheachd, 'Breugadair … breugadair … breugadair.'

\*   \*   \*

Ged a bha an Dosan a' gabhail air adhart a' cosnadh a chuid arain làitheil, cha robh e idir a' faireachdainn cho sunndach 's a bha e nuair a thàinig e dhan sgìre an toiseach. Ged a bha na Mijucs a' toirt dha na h-uimhir de chofhurtachd, cha robh iad idir a' cur ri sòlasan na h-inntinn mar a chleachd. Agus chan e breugadair a th' annam, theireadh e ris fhèin, chan e idir. Idir. Ach dh'fhaodadh tu a ràdh, chanadh e ri Maini, gu bheil an leabhar a tha seo gam fhiosrachadh le barrachd ciont agus àraich na 's urrainn dhomh a ghiùlain. Inns thusa dhòmhsa carson a riamh a chruthaich mi thu, Aonghais, carson a thug mi John Small ort, agus Iain Chùl nan Cnoc. Tha fios agam gur e dìreach ainmeannan a tha sin, ach tha iad a' fàs ro bheò air mo shon-sa. Tha an cuid smuaintean a' beantainn rim smuaintean fhìn. Tha mo thaobh staigh ag atharrachadh – tha iad air lèig a dhèanamh a-staigh nam loch-bhlian a tha a' sgaoileadh agus a' sìoladh gu ruige òrdagan mo choise. Dè nì mì?

Carson a thug mi dhuibh beatha, fuil agus feòil? Chruthaich mi sibh nam ìomhaigh fhìn, agus tha sibh gus a' chùis a dhèanamh orm; mo threòir gam thrèigsinn. Ò, a Chruthaidheir, bi maille rium, stiùir mi gu àite-dìon is falaich, thusa, a Dhè ghràsmhoir, a chruthaich mac an duine gu fìor nad ìomhaigh fhèin.

B' ann an uair sin a smaoinich e gun deigheadh e a shealltainn air a' mhinistear.

'S dòcha gun deigheadh èisteachd a thoirt dha ùrnaigh bhuaithesan, eadar-mheadhanair mar gum b' eadh, far nach biodh buaidh sam bith aig ùrnaigh a chuireadh esan, Dòmhnall Seumas Iain, suas. Cha robh na facail cheart aige, no an dealas a bu chòir.

Mar sin choisich an Dosan a-steach staran a' mhinisteir, far an deach fàilte is furan a chur air. Copan teatha, blàth-choinneachadh is truacantas, is altachadh goirid. Èisteachd mhòr thuigseach fhad 's a bha an Dosan a' lìbhrigeadh nan truaighean agus ag aotromachadh a cholainn agus inntinn 's a' faighinn beag no mòr de shaorsainn ri linn sin.

'Chan eil fios agam,' ars am ministear, 'an dèan an ùrnaigh agamsa feum air domhain dhut nad shuidheachadh. Chan urrainn ach a bhith beò ann an dòchas. Chan eil Dia air do thrèigsinn idir mar a tha thu a' smaoineachadh. 'S ann a bhios sinn gar trèigsinn fhìn, a' cur chnaip-starra far nach leig sinn a leas, a tha a' dol eadar sinn agus Esan. 'S e a leithid sin a tha a' gabhail àite, saoilidh mise, nad bheatha-sa, far a bheil thu a' togail an-àirde smuaintean agus dòighean nach buin dhut fhèin idir, agus tha thu gad thrèigsinn fhèin le bhith a' smaoineachadh gu bheil iad a' slìogadh a-steach nad bheatha. Feuch am faigh thu air sgur dheth. Can riut fhèin: gus an seo thèid agus cha tèid nas fhaide.'

Shaoil am ministear nach robh an Dosan idir coltach bhon taobh muigh ri duine a bh' air a bhuaireadh le amharas agus dò-bheart. Mhiannaich e gum faigheadh e faisg air, ach bheireadh sin, na bheachd-san, iomadh bliadhna.

'Nach tòisich thu a' tighinn a-mach mar a chleachd thu,' ars esan, ''s tu cho math air seinn. Tha e furasta aithneachadh gu bheil na fuinn agad. B' fheàrr leam gum b' urrainn dhomh do chur suas a sheinn, ach bho nach eil thu fhathast air a thighinn air adhart … Ach an dèidh sin, tha fhios agam gu bheil thu nad chreidmheach bho mhullach do chinn gu bonn do choise, 's gu bheil an Tì a tha riaghladh is fios agus fulang aige air na tha thu a' giùlain tron fhàsach.'

Tha a h-uile duine a' feuchainn ri mo thuigse-sa ach 's ann bhon t-sealladh aca fhèin, smaoinich an Dosan. Ach chòrd am ministear ris, fear aoigheil, gasta nach dèanadh dìmeas air duine sam bith.

\* \* \*

Bha Dòmhnall Seumas Iain a' faireachdainn na b' fheàrr ri linn briathran a' mhinisteir agus le mar a chaidh gabhail ris sa mhansa. A dh'aindeoin sin cha robh inntinn aige a dhol air adhart. Bha e na b' fheàrr fuireach mar a bha e. Ach fhuair e inntinn a dhol sìos cùl a' ghàrraidh gu taigh Mòrag an t-Solais. Àm bleoghain, agus a' bhò cho càilear. Na beathaichean mòra ud 's iad cho coltach ri

daoine – an crodh gu h-àraid, caran mar e fhèin a' cnuasachadh fad
na h-ùine, corra bhreab dhen chois, corra ghluasad dhen chluais,
gun a bhith a' cur dragh air duine ach a' lìbhrigeadh maitheas
agus beatha dhan chinne-daonna. Cha b' e gun robh an Dosan
a' miannachadh a bhith na bhoin, ach dìreach a' gabhail ealla ris
a' ghnè creutair a bh' innte.

Nuair a ràinig e taigh an t-Solais rinn e beag no mòr de thàislich
aig doras na bàthcha airson aire a thoirt thuige fhèin. Cha robh
e idir air dìochuimhneachadh gun do dhealaich e fhèin is Mòrag
le beagan sràbh nam buachair an turas mu dheireadh a bha ise
aigesan. Bha e ceart a bhith amharasach, smaoinich e, gu h-àraid
san t-saoghal a bh' ann, eadhon ged a bhitheadh beachd agad
cò a bh' agad. Agus bha e toilichte nuair a chual' e guth Mòrag
a' ceilearadh ris a' bhoin. Cha do dh'ainmich duine seach duine gur
dòcha gun robh cùisean air a dhol fiogar a-mach à àite an turas
mu dheireadh, agus nuair a bha am bleoghan seachad thuirt i ris a
thighinn a-steach an taigh.

M-m-m, ars esan ris fhèin. Cò a-riamh a smaoinich?

'S e a' chiad rud a chuir iongantas air cho dorch 's a bha 'n taigh.
Ghabh e a-steach tro sguilearaidh bheag far an robh poitean is
praisean air sgeilpichean, agus lean iad orra tro chùil dhorch far
an robh mòine air a càrnadh an-àirde, deiseil, shaoil e, airson a cur
mun teine. Agus chun na làimhe clì, bha bodach an sin na shuidhe,
bata ri thaobh san t-seòmar-suidhe ann an sèithear le drùim àrd
is sgiathan beaga air gach cliathaich. Dath dorch uaine air na
ballachan agus trì sèithrichean eile agus bòrd. Ruga dhearg air an
làr a bha a' toirt togail dhan t-seòmar. Thug an Dosan grunnan
mhionaidean mus do rinn a shùilean cleachdadh air an leth-
dhorchadas a bha mu thimcheall. Bhiodh e riamh a' smaoineachdh
às dèidh sin gur e an t-iongantas bu mhotha a ghabh e gur dòcha
gun robh e a' dùileachadh solas agus muinntir an taighe air an
ainmeachadh air a sin.

''S tusa Dòmhnall Seumas Iain?'

''S mi.'

'Tha mi a' cluinntinn gu bheil thu math air do làmhan.'

'Well, bidh iad ag ràdh sin.'

'Ma tha thu dol a bhith tadhal na dachaigh sa 's dòcha gu sgioblaicheadh tu a' chùil-mhònach a tha siud, mus tèid mise bho na h-amhach a' feuchainn ri fòid is caorain a thoirt aiste. Chan eil càil air aire Mòrag ach na beathaichean, agus tha e cho math dhut tuigsinn gu bheil i annasach na dòigh agus nach eil i idir math am broinn an taigh.' Bho bhàsaich a màthair o chionn ceithir bliadhna deug, tha i muigh am measg nan toman 's nam brugan a' bruidhinn ris an àrainneachd, mar a their i fhèin. Tha mise dìreach a' leigeil dhi. Fhad 's a gheibh mise leabaidh ghlan agus biadh math tha mi toilichte gu leòr.'

Bha Mòrag air a maslachadh. Cha b' e seo a bha i ag iarraidh bho a h-athair, agus sin a' chiad turas aig an Dosan dhan taigh. Thug i smearradh thuige, ach bu dìomhain dhi.

'Nì mise sin dhuibh an-dràsta,' arsa Dòmhnall Seumas Iain agus e a' dol air ais dhan chùil, far an do leag e an cnap mònach gu làr agus an àite sin rinn e stèidheadh cuimseach air a' mhòine 's na caorain. Agus seach gun robh a' phacaid Mijucs aige na phòcaid, dè a b' fheàrr na fear dhiubh sin a stobadh na chraos agus deoch bhùirn iarraidh seach gun robh am pathadh air, ma b' fhìor. Dh'iarr e cuideachd sguab agus sluasaid agus cha robh e fada gus an robh cruach bheag chothromach sa chùil a bha càilear dhan t-sùil, sgiobalta mu a timcheall agus furasta a h-obrachadh.

'Gabhaidh tu drama airson do shaothair?' ars an Solas. Well, cò nach gabhadh?

Chaidh glainne a lìonadh agus thòisich an còmhradh. B' e croitear a bh' air a bhith san t-Solas a' chuid mhòr dhe bheatha. Beathaichean, caoraich is crodh, cearcan is geòidh. Buntàta is glasraich. Tractar is obair a-muigh. Bha e air pòsadh na shean aois agus bha Mòrag air a bhith aca mar mhìorbhail.

'Dh'atharraich mo bheatha nuair a bhàsaich Peigi leis an aon rud – pian a thòisich na cliathaich agus a ghabh roimhe gus an deach aithneachadh gun robh an aillse air a feadh. Mura bitheadh

Mòrag,' ars esan, 'dh'fheumainn-sa bhith air pòsadh a-rithist gus am biodh cuideigin agam a shealladh às mo dhèidh nam sheann aois. Ach tha i air a bhith glè mhath dhomh, ged nach eil i buileach cho math air còcaireachd 's a bha a màthair. 'S chan eil cus diofair leamsa, fhad 's a tha mi a' faighinn mo bhiadh, leabaidh ghlan agus sioft aodaich nuair a tha feum.'

'B' urrainn dhòmhsa rud beag no dhà a dhèanamh dhuibh timcheall an taigh' nam biodh feum bho àm gu àm,' thuirt an Dosan, agus an Solas air faighneachd dha dè mar a bha na h-obraichean a' dol. 'An seòrsa obraichean a th' agamsa,' ars esan, 'chan eil duine os mo chionn ag èigheach rium, ach dìreach gu feum mi a' bhùth a fhrithealadh aig na h-uairean a tha iadsan ag iarraidh. Cumaidh mi orm a' dèanamh sin dhaibh, seach gun robh iad fhèin cho math is gun tug iad dhomh an obair sa chiad àite nuair a thàini' mi 'n taobh s', ach an còrr – well, tha mi a' dèanamh na tàillearachd agus nan dealbhan nam thìde fhìn, agus am feur – well, chan eil sin ann ach mu cheithir no còig mìosan sa bhliadhna.'

'Tha e math a bhith a' cur eòlas ort,' thuirt an Solas agus iad letheach-slighe tron dàrna drama. 'Chan eil mis' a' faicinn duine shìos anns a' chùil seo, gu h-àraid bhon as e deireadh slighe a th' ann. Chan eil mi math sna casan, mar a chleachd. An aois mhosach gun dreach, mar a theirear. 'S e tha fortanach thu fhèin 's an òige agad.'

Chaidh copan teatha a riarachadh, gus nach deigheadh an treas drama a lìonadh, oir bha Mòrag a' fàs an-fhoiseil, an dòchas gum faigheadh i air am feasgar a thoirt gu crìch. Bha a h-athair a' fàs ro dhòigheil, agus na beachd-se bha an Dosan mar gum biodh beagan boile air a shiubhal. Cha b' urrainn dhan seo àite a ghabhail ro thric.

Agus ri solas na gealaich is Mòrag air a thighinn a-mach còmhla ris gu ceann an starain airson dèanamh cinnteach gun dèanadh e a shlighe air ais dhachaigh, thuirt e rithe caran leth-oireach gur i bha bòidheach, ge b' e, na inntinn, an tigeadh sin gu bhith gaolach. San t-seasamh, ghabh e air a phògadh air a maoil, agus le ceum aotrom agus a' feadalaich 'Tha mis' air uisg' an lònain duibh', ghabh e roimhe, taingeil gun robh e fhathast greiseag bheag bho dhachaigh fhèin gus nach fhaiceadh agus nach cluinneadh Maini toiseach rud a dh'fhaodadh a bhith na reul ùr na bheatha.

## An Lònan Dubh

'Tha mi 'n dòchas nach eil an teo ud a' gabhail brath oirbh nur seann aois,' thuirt Ema. 'Tha gu leòr dhe a seòrsa timcheall.' Bu mhath, shaoil i, gun robh rudeigin aic' a chanadh i agus sàmhchair air gabhail a-null, a' dèanamh mhionaidean dhe na diogan.

'Cò a th' innte co-dhiù?'

'Tha,' ars esan, 'seòrsa de journalist.'

'Bheil cinnt agaibh air a sin?'

'Cha leig mi leas cinnt. Tha bhith a' cur cheistean domhainn na gnè. Tha i bragail cuideachd. Ach 's caomh leam i, gu h-àraid an còmhradh aice – tha a' Bheurla aice mar thonnan air tràigh. Dh'èistinn rithe fad an latha airson sin fhèin. Seall oirnne, Ameireaganaich, 's gun againn ach an aon duan, an aon nuadaran bho mhoch gu dubh, nar modh-labhairt.' Bha e an dòchas gun cuireadh sin às a beachd dad sam bith a dh'fhaodadh a bhith a' tighinn a-steach oirre tro na dealbhan.

''S e a' Ghàidhlig a tha ag adhbhrachadh sin,' ars Ema. 'Tha Beurla eadar-dhealaichte aig a h-uile duine aig a bheil i mar dhàrna cànan. Dh'fheuch mise air Fraingis ach cha deach leam. Ach tha a' Ghàidhlig a tha siud gu math duilich, saoilidh mi. Tha iad ag ràdh nach eil na tha sin de dhaoine ga bruidhinn. 'Eil fhios agaibh, tha ceòl iongantach na cois. An consart aig an robh mise ann an àite ris an can iad Steòrnabhagh, 's e sin am prìomh bhaile, bha na h-amhrain a' toirt deòir gum shùilean eadhon ged nach robh mi a' tuigsinn lideadh. Agus an eaglais! Ò, mo chreach! Tha mi air a bhith cluinntinn a' chiùil sin nam cheann a h-uile latha bhon uair sin. Chan eil agam ach mo shùilean a dhùnadh agus tha mi ann – an ceòl a' lìonadh na h-eaglaise mar gum biodh tu ann an Nèamh. Corra ghath grèine a' toirt boillsgeadh tarsainn nan suidheachanan. Nach bochd nach robh dualchas mar sin sna cnàmhan againne a dh'fhalbhadh leinn air astar sgiath. Dhèanadh e feum dhar n-anam. Na chuala mise mu anam a-riamh san àite dhorch ud a bha gun anam. Ballachan àrda, neo-mhathach, seapall sa mhadainn mhoich agus san fheasgar chiar, mnathan le lùireach mun ceann agus bragail bhrògan.'

'Well, chan urrainn mi a ràdh ach gu bheil mi duilich airson sin. Nam biodh sibh air a bhith an seo leib' fhèin, chan eil fhios dè an t-inneas a bhiodh ri dhèanamh oirbh, no am biodh sibh idir beò. Feumaidh mi a ràdh nach eil e air mo chogais. Cha b' urrainn dhomh a h-uile dad a dhèanamh, 's rinn mi mar a b' fheàrr a b' urrainn dhomh. Feuch gun tuig thu sin. 'S dòcha gun toir sin beagan carthannais dhut dham thaobh-sa.'

''Eil fhios agaibh air a seo, Dad: chan eil sìon a dh'fhios agamsa air càil mur deidhinn. Nan deigheadh faighneachd dhomh an-dràsta dè am pàirt de dh'Ameireagaidh às an robh ur daoine, cha bhiodh fios air thalamh agam. No Mam a bharrachd. Cha robh antaidh, cha robh uncail, cha robh cosan. Tha mi air a bhith a' sireadh, ach chan eil mi air a thighinn tarsainn air duine leis an t-sloinneadh agaibh ann an Staten Island. Agus chan eil fiù fios agam dè an sloinneadh a bh' air Mam nas motha. Carson a tha sin? Na daoine a bha còmhla rinne san dachaigh chrìosdail, 's e fìor dhilleachdain a bh' annta, ach a dh'aindeoin sin bha antaidhs a' nochdadh corr' uair. Mura bitheadh gun lean sibhse oirbh a' tighinn, cha bhiodh duine beò air a bhith againne. Agus mar a dh'fhàs ur tadhal na b' ainneamh, bha sinn gun duin' idir. Eadhon Gordon fhèin – chan fhaicinn e ach greiseag bheag, bhathas gar cumail air leth, uair sa mhìos ged a bha sinn san aon togalach, agus bha an-còmhnaidh cuideigin eile san rùm a' cumail sùil oirnn, mar gun robh sinn a' dol a dhèanamh murt. Chrìon sin cuideachd, gus mu dheireadh gun do dh'aithnich mi nach robh agam ach mi fhìn.

'Dh'fhàg mise an t-àite sin nam bhloigh. Bha Gordon air fàgail ceithir bliadhna romham. Sgrìobh e uair no dhà. 'S nuair a bhithinn a' coimhead an aiseig a-null 's a-nall, 's a-nall 's a-null, dh'aithnich mi nach biodh agam tuilleadh sa bheatha seo ach mi fhìn, duilich 's gum bitheadh e. Shaoil mi gur iongantach mura robh sibh air Staten fhàgail. Ghabh mi fìor iongantas an-diugh nuair a dh'fhosgail an doras. 'S iomadh uair a smaoinich mi air an taigh seo.'

Bha Iain na èiginn ann an aon seagh. Cha b' e seo a bha e ag iarraidh na sheann aois. Bhiodh e air a bhith coma ach fios a bhith aige gun robh gach duin' aca air dèanamh math gu leòr. Smaoinich e an dùil gu dè beachd Gordon fhaicinn ann an ospadal Steòrnabhaigh uaireigin. Rinn an coinneachadh sin obair inntinn dhàsan nach bu bheag. An dùil an ann a' cluiche leis a bha Ema cuideachd?

A' feuchainn ri chur ann an còrnair airson an cuid fhèin fhaighinn air ais.

No 's dòcha nach robh ann ach tur neoicheantas, seòrsa de thurchartas na beatha a bhiodh gu h-iongantach a' gabhail àite aig amannan. Agus thàinig e a-steach air gur e a bha gòrach a' cleith, fad a bheatha cha mhòr, àite a bhreith is àraich air sgàth tachartas bho bhliadhnachan air ais air nach robh cuimhn' aig mòran ach mar sheann eachdraidh. Agus ma bha thu gad thoinneamh fhèin a-steach am broinn beatha a bh' air a stèidheachadh air breug airson thu fhèin a dhìon bho dhoilgheas, agus sin a' tòiseachadh a' tachairt riut timcheall a h-uile còrnair nad sheann aois, gum bu mhath an airidh.

'Rinn mi mo dhìcheall, ars esan a-rithist. 'Rinn mi mo dhìcheall.'

'Well,' ars ise sa Bheurla shlaodach Ameireaganach, 'cha robh sin gu leòr.'

B' fhada bho nach cual' i an guth aige cho buileach slaodach. Cha chuala bho bhiodh e ag iarraidh mathanas air a màthair nam biodh iad air a dhol ceàrr air a chèile. Chan fhaireadh i gun robh a màthair no a h-athair air a bhith riamh san taigh seo, no idir i fhèin agus Gordon. Dìreach aithneachadh beag air choreigin air cumadh an taighe, sin uile e. Ach nan cumadh i a h-inntinn air, thigeadh am blas air ais. Eadhon ged a bha i ag iarraidh a chumail bhuaipe. Bha e mar gum biodh i a' siubhal ann an ceò.

'Am faod mi,' ars ise, 'a dhol suas an staidhre?'

'Faodaidh,' fhreagair e le an-fhois.

'Bheil sibh cinnteach?'

'Chan eil dad shuas an staidhre.'

Agus cha robh càil ri fhaicinn gu h-àrd, mar a thubhairt e. An dà rùm falamh agus leabaidh anns gach fear. E fhèin a' cadal fhathast san t-seòmar mhòr. Na pris mhòra ruadh air an robh cuimhn' aice an siud fhathast, a' chiste aig ceann na leapa, na cùrtairean sròile ris an uinneig agus an sèithear mòr leis a' chuisean, agus pìlichean de dhealbhan de lochan 's de bheanntan 's de sgòthan agus an druim ris a' bhalla.

Agus an sin a' dol bho rùm gu rùm thàinig miann oirre gum b' urrainn dhi cadal aon uair eile na leabaidh fhèin, a' coimhead a-mach air an uinneig tro na cùrtairean gu uinneagan taobh thall na sràide far an robh na Browns air a bhith a' fuireach. Far am biodh i a' smaoineachadh na h-inntinn ach gu dè a bha dol air taobh staigh nan cùrtairean acasan. Cha b' e gun robh cus aca ri dhèanamh ri na Browns, no ri duin' idir san nàbachd, ach a bhith a' moladh an latha dhaibh agus a' cumail còmhradh beag riutha nan turchradh iad air a chèile. Agus sin mar a dh'fhuirich iad, caran falchaidh agus cleithteach.

'S e falamhachd an taighe a bu mhotha a chuir oirre, an t-anam agus an cridhealas air sìoladh air falbh, agus seòmar neònach nan dealbh ag èigheach mar gum b' ann a' toirt fiathachadh a thighinn a-steach nan glaic, gun sgeul air giotramain bheaga a màthar no air dad a bhuineadh dhi air mantailpios.

'Chan eil,' ars ise 's i air cromadh, 'dad shuas an staidhre, mar a thubhairt sibh. Dh'iarrainn-sa cadal shuas airson greiseag, nam faodainn.' Bha na facail a chleachd i a' soilleireachadh dhi gur e còmhradh srainnseir a bh' aice. Well, nach b' e srainnsear a bh' innte? Srainnsear dhi fhèin cuideachd.

Chan fheumadh e leigeil air nach robh e airson sin, buille cho cruaidh a sin a thoirt 's gun i càil ach air nochdadh. 'Siuthad, ma-thà, dèan sin. Bidh agad ri d' leabaidh fhèin a dhèanamh.'

'S ann a bha esan air a shùil a thogail ri Trish fhiathachadh a dh'fhuireach bho àm gu àm, airson a dhol air ais gu bhith bruidhinn na Gàidhlig, airson a dhol air ais gu bhith e fhèin, a shiubhal mhonaidhean 's a bhruidhinn air fèidh is eunlaith an adhair.

'An e an rucsac sin uireas a th' agad nad chois?'

''S e.'

'Carson nach eil barrachd air a sin agad?'

'Dad,' ars ise agus neònachas oirre a' cleachdadh an ainm, 'mar as lugha a chuireas sibh de cheistean, 's ann gu ur buannachd a bhios e.'

Sheas iad san lobaidh a' coimhead a chèile.

'A leithid cheudna dhad thaobh-sa cuideachd,' ars esan.

* * *

Cha robh Trish fada a' faighinn an aiseig air ais gu Manhattan. Bha i toilichte a casan a thoirt leatha a-mach às an fhàrdaich, agus 's ann a thòisich i a' smaoineachadh gur dòcha gum biodh e na b' fheàrr mura faiceadh i bràthair a seanar ach siud, mus deigheadh a tarraing a-steach do lìon às nach fhaigheadh i air tàrrsainn. Ach chan eil lùibean a' chàirdeis cho furasta ri sin dèiligeadh riutha bho thòisicheas tu idir a' dùsgadh nan èibhleagan. Agus na bha e air fhàgail aice mu dheidhinn fhèin aig nach robh fios aig duin' eile.

Bha Ema glè choltach ris san ìofachd. A' cur a cinn air ais san aon dòigh, agus na sùilean biorach a' toirt fa-near. Falachadh, chanadh cuid, air tiamhaidheachd san dithis aca. An aon ghròbadh beag ga dhèanamh air na beòil an ceann gach greis, nuair a bhiodh iad ag èisteachd, no ri cur crìoch air ruith de chòmhradh.

'S gu dearbha bha adhbhar tiamhaidheachd aig Ema, ged nach biodh ann ach mar a spìonadh i às a dachaigh 's mar a chaidh i fhèin is Gordon ceàrr air a chèile. Ged a b' fhada a ruitheadh an fhuil 's i beò 's a bhiodh e nàdarrach gu leòr a bhith air do cheann fhèin gu ìre air choreigin, bha falamhachd ann agus fios agad gun robh d' fhuil is d' fheòil air uachdar na talmhainn ach gun iad dhutsa rim faotainn.

Choisich Ema a-mach agus i fhathast leis an dearbh rucsac air a druim 's a bh' oirre nuair a dh'fhàg i an dachaigh chrìosdail. Dearg is glas, air a dhèanamh de chanabhas. Ghabh i roimhpe air an aiseag, àite anns nach robh i air a bhith riamh leatha fhèin. Chuir i seachad a' chiad oidhche ann a hostail bhoireannach, air bheag dhòigh. An ceann seachdain agus a h-airgead gus ruith a-mach chaidh aice air obair fhaighinn ann am bùth bhròg. B' ann an sin a choinnich i ri fear, duine àrd bàn a ghabh fansaidh dhi agus a dh'iarr a-mach i dhan taigh-dhealbh. B' esan fear Murdo Gillespie aig an robh buntanas fad-às ri Alba. Cha robh i air Murdo a chluinntinn mar ainm a-riamh ach air fhèin.

Well, a leughadair, cha robh fios no faireachdainn aig duine dhen dithis acasan gu dè a bhiodh romhpa – cha robh iad ach òg. Ghabh iad ri chèile mar a bha iad, gun cus cheistean a chur – mar a bhios a' tachairt nuair a bhuaileas an gaol.

'S e bun a bh' ann gun do rinn iad air Sasainn, far an d' fhuair Murdo obair air tac mhòr. Talamh gu leòr agus raointean fada gorma le craobhan gan dealachadh bho chèile. Seòrsa de nèamh. Bha taigh beag snog a' dol an cois na h-obrach, agus chuir Ema seachad iomadh bliadhna thoilichte ga thoirt gu cumadh dachaigh a bha blàth agus seasgair. Bha Murdo na fhear-obrach dìleas, ach nan deigheadh tu ceàrr air bha ribheag ann dhen droch nàdar. Rudeigin mar a h-athair, bhiodh i a' smaoineachadh.

'S ann air latha mar latha sam bith eile a thàinig an tacadair agus a ghearain e air pìos obrach a bha Murdo air a dhèanamh.

'Cò?' ars esan, 'a chuir an-àirde na puist sin air an

talamh agamsa gun mise cead a thoirt? Cuideigin gu
math ladarna, chanainn.'

Chùm e air, agus nimh na ghuth.

'Bheil laghan talmhainn idir agaibh thall an
Ameireagaidh? Tha thu air a bhith an seo fada gu leòr
airson fios a bhith agad dè as còir agus nach còir dhut
a bhith a' dèanamh.'

'Cha robh mi ach a' gearradh dheth a' phìos sin
seach gun mhiannaich sibh leas beag a bhith agaibh,'
fhreagair Murdo. 'Thubhairt sibh sin. Thuirt sibh gun
còrdadh sin ri Mrs Traverne.'

'Thubhairt, ach cha do dh'iarr mi ortsa dad a
dhèanamh mu dheidhinn. Thoir sìos na puist sin. Tha
mi air do sheòrsa fhaicinn an seo roimhe, a' gabhail orra
a bhith an sàs ann an rud nach buin dhaibh. Bu chòir
dhut a bhith taingeil obair a bhith agad, bean bhrèagha
agus dachaigh san cuir thu do cheann fodhad.'

Well, bha sin gu leòr dha Murdo. Gu h-àraidh nuair
a chuala e am facal 'brèagha'.

'Dè,' ars esan, 'ur gnothaich-se a bheil a' bhean
agamsa brèagha no nach eil?' Choisich e mach, shad
e an spaid a fad fhèin dhan fheur, rinn e monmhar
beag air choreigin fo inntinn agus ghabh e roimhe gun
sealltainn taobh seach taobh. Siud a chuid obrach agus
a chuid dachaigh an taigh na croich.

Agus ma bha, bha agus a chuid pòsaidh, nach robh
air a bhith a' dol ach cugallach co-dhiù. Chuireadh
iad coire air a chèile airson rud sam bith. Bha esan
ag eudach rithe, gus mu dheireadh am b' fheudar
dhi a h-obair fhèin a' glanadh dhachaighean a leigeil
seachad. Bha i gu mòr air a feuchainn 's cha robh taobh
aice chun tionndaidheadh i.

Eadhon nam faiceadh e i a' bruidhinn ri Traverne,
bha e ga ceasnachadh, agus ag ràdh gun robh i

a' tarraing aire thuice fhèin, le bhith a' dol an còmhradh nan urracha mòra, agus cò ise co-dhiù ach Ema Small agus gur ann beag a bha i sa h-uile seagh, eadhon na bu lugha, thuirt e, na a' mhial air a' mhuinichill.

An latha ud a thàinig e dhachaigh agus a dh'inns e mar a thachair le Traverne, chaidh ise às a ciall. Dh'fheumadh iad an dachaigh fhàgail sa bhad, gun àite dhan deigheadh iad, eadhon ged a bha Traverne air a ràdh ri Murdo gun tugadh e dhaibh seachdain airson àit' eile a lorg. Rug i air an sgithinn mhòir agus chuir i ann i gu chridhe, gus an robh e na ablach air an làr le clod, a shùilean air stad na cheann agus fuil a chuim a' sùghadh air na plancaichean.

Cha robh dùil aice gum faigheadh i innte fhèin a leithid a dhèanamh, agus gu dearbha cha robh i air smaoineachadh air. Bha i air a bhith a' cumail beagan airgid dhi fhèin gun fhios nach fhaigheadh i inntinn Murdo fhàgail ann am marbhan na h-oidhche aig àm air choreigin. Thàinig crith innte. Mothachadh sa mhionaid gun robh i air làmh a chur ann am beatha duin' eile. Ruith i a dh'iarraidh Traverne. Thàinig e.

'Carson a rinn thu seo?' ars esan, agus e air leughadh an t-suidheachaidh, ach cuideachd air leughadh an eagail. Dè nan canadh i gur esan a rinn seo, agus fios aice gun robh trod air a bhith ann glè ghoirid ron sin? An dùil an gabhadh i sin oirre? Cha robh fianais ann. Cha robh facal ann. Cha robh anail ann.

''S tusa màthair-adhbhair na cùise seo,' thuirt i ri Traverne. Thàinig e steach oirrese cuideachd gum bu dòcha gum faigheadh i às leis. Leig i na ràin. Sheas e ga coimhead. Cha do ghluais duine dhen dithis. Bha e mar gun robh iad le chèile a' tuigsinn smuaintean an neach eile. 'Cuir a dh'iarraidh na poilis,' thuirt i. 'Cha chuir,' ars esan, 'cuiridh tusa gan iarraidh – agadsa tha

fios dè tha seo a' ciallachadh. Riutsa a tha gnothaich
nam poileas.'

Cha robh aig Ema air ach aideachadh ris a' ghnìomh,
an rud a rinn i. Chaidh falbh leatha eadar dà phoileas
mhòr, an ath chaibideil dhe a beatha a' tòiseachadh.
Thug am britheamh binn a-mach gun cuireadh i
seachad an còrr dhe beatha sa phrìosan. Thuirt e
rithe gur e droch bhoireannach a bh' innte, seòrsa de
bhadhbh aingidh, a bh' air gnìomh uabhasach a thoirt
gu buil, agus gun robh e an dòchas gum biodh a cogais
ga dìteadh fad a beatha, 's e sin ma bha a leithid a rud
is cogais aice.

'Chan eil cho buileach fada,' ars esan, 'bho bhithist
air do bheatha a thoirt bhuat fhèin seach gun tug
thusa a bheatha bho dhuin' eile, agus tha thu gu math
fortanach gu bheil thusa a' faighinn às le do bheatha,
an rud nach d' fhuair esan. Ged a bha thu a' fulang ann
an dòigh phearsanta, mar a tha sinn air a chluinntinn
sa chùirt a tha seo, agus nach robh thu a' faicinn slighe
romhad seach gun robh thu a' dol a chall do dhachaigh,
chan e murt is marbhadh freagairt na cùise.'

Ach dh'fheumaist a radha gun robh truas agus
co-fhaireachdainn gu leòr rithe, gu h-àraidh bho
bhoireannaich eile a bh' air a bhith a' fulang mar i
fhèin, agus gum b' e an èirigh sin ann am mothachadh
Bhreatainn gum biodh boireannach air a cur thuige gu
mòr mus dèanadh i a leithid de rud a dhùisg gun do
thòisich luchd-tadhail nam prìosan a' faireachdainn
nach b' e idir droch creutair a bh' innte, no a samhail,
agus gur iongantach mura robh cuid eile dhe a seòrsa
sna nàbachdan cuideachd, a bha mòr-fhulangach.

Thug Ema còig bliadhna deug sa phrìosan.
Dh'ionnsaich i fighe is fuaigheal gu àrd-ìre, oir bha
i air na h-uimhir de dh'ionnsachadh bunaiteach a

dhèanamh air obair-ghrèis is stocainnean bho Sister Mary san dachaigh chrìosdail, is choisinn i àite beag dhi fhèin sa chidsin far am biodh i a' cuideachadh le còcaireachd is fuine. Cha robh i a' measgachadh mòran sam bith ri na prìosanaich eile. Bha i a' faireachdainn eadar-dhealaichte bhuapa. Nuair a dh'fheuchadh cuid aca ri buaireadh a thogail, cha deigheadh i nan gaoth, rud a bha a' toirt orra a bhith a' feuchainn ri a brosnachadh ach am faiceadh iad an robh sradag innte. Cha deach ludradh a thoirt oirre ach dà thuras, oir bha na boireannaich eile dhen bheachd gun robh i a' saoilsinn cus agus gum bu chòir a toirt gu làr. Ghlèidh i a spiorad cho math 's a dheigheadh aic' air, oir cha robh i a' coimhead crìoch air an rud a bha freastal air a thoirt oirre.

Bhiodh i a' gabhail a h-ùrnaigh a h-uile oidhche agus a h-uile madainn gun fhios nach dèanadh sin feum air choreigin.

* * *

'S ann agus e air ùr dhol a dh'obair a dh'ospadal ann an Sasainn a mhothaich Gordon Small dha pìos beag ann an oisean pàipear-naidheachd ag innse gun robh bana-mhurtair, air an robh an t-ainm Ema Gillespie, a' dol a dh'fhaighinn a-mach às a' phrìosan. Lean an t-ainm ris agus chuir e tulgadh ann. Cha robh e air an t-ainm Ema a chluinntinn air duine a-riamh ach air Ema aca fhèin. Ge b' e cò às a thàinig Gillespie.

Eadar sin agus a bhith air a thighinn tarsainn air athair ann an ospadal Steòrnabhaigh na bliadhnachan ud air ais, chuireadh e às t' aire na thachair riut. Dè dhàsan? Ach thòisich na ceistean ag èirigh an-àirde na bheatha làitheil, agus dh'aithnich e gum feumadh e sgur gan cur an dàrna taobh, no gum buineadh iad ri chiall. Cha b' e sin a dh'fheumadh e san dreuchd san robh e.

'S e sin a dh'fhàg gun do sgrìobh e chun a' phrìosain san robh Ema Gillespie air a bhith airson tuairmse fhaighinn air càit am faodadh i bhith a-nis. Chan innseadh iad dha idir gu dè an t-ainm baist' a bh' oirre, no càil mu deidhinn, agus cha robh fios aca càit idir an robh i a-nis. Eadhon ged a bhitheadh, thuirt iad, chan innseadh iad sin dha a bharrachd.

An latha a fhuair Ema a-mach às a' phrìosan, sin an latha a dh'fhairich i air an allaban. Bha cleachdadh na sgoile crìosdail agus cleachdadh a' phrìosain air a bhith caran coltach ri chèile ann an cuid de sheaghan. 'S e a' ghreis ud fhèin a bha i còmhla ri Murdo Gillespie an aon àm far an do dh'fhairich i fuasgladh ann an saoghal na bu mhotha. Agus ged a thug e greis bhuaipe mus do dh'aithnich i gu dè a bha na stillean aige a' ciallachadh, ghlèidh i spèis de sheòrsa dha. Agus an latha ud, ged a bhathas air beagan ullachaidh a dhèanamh oirre agus ged a bha fios aice nach biodh i a-chaoidh a' tilleadh gu taigh mòr nan dorsan mar a bhiodh aice air na h-inntinn, ghabh i roimhpe gu ruige Lunnainn, gus an do lorg i ostail an Salvation Army, far an deach a gabhail a-steach gus am faigheadh i air a casan.

## An Dosan

Cha robh Dòmhnall Seumas Iain a' faireachdainn ro mhath ann fhèin. Bha aige ri a chuid innleachdan a chaitheamh gu lèir ann a bhith a' sgrìobhadh *An Lònan Dubh*. Chuir e roimhe fhèin gur

ann suas mu dheireadh nam feasgar a dhèanadh e na h-uimhir air
nam b' urrainn dha, gus am biodh inntinn saor tron latha airson a
chuid chùisean a riarachadh. Bha sin a' ciallachadh gun robh e aig
amannan a' call a' chadail eadar a bhith a' dèanamh obair chorporra
tron latha agus obair inntinn an leabhair sna feasgair. Bhiodh
fuaimean beaga a' chòmh-thràth ga bhleadraigeadh, ag obair ann
an siud leis fhèin, agus air uairean shaoileadh e gun robh guthan
a' magadh air ged nach fhaiceadh e neach eile mun cuairt. Bha fios
is cinnt aige nach b' e Maini a bha a' cur dragh sam bith, oir bha
i solt na dòigh agus 's e a bh' innte tè nach labhradh droch fhacal
mu dhuine sam bith.

Nuair a bhiodh mòmaidean soilleir aig an Dosan, choinnicheadh
e ri sìth is fois an-dràsta 's a-rithist. Bha na greisean sin luachmhor
dha agus a' dèanamh beatha na coimhearsnachd na b' fhasa,
oir cha robh aca ri bhith air bhioran ach gu dè mar a bha e gu
bhith bho latha gu latha. Bhiodh e an uair sin na bu choltaich ris
a' mhòr-shluagh, na bu dhibhearsainich agus toilichte gu leòr.
Bhiodh e fhèin taingeil airson an fhaochaidh sin, air falbh bho
bhith a' smaoineachadh gun robh a cheann làn còinnich mar a bha
a' fàs sna leasan a bha e a' cumail sgiobalta. Agus an ceann greis
dheigheadh e air dhìochuimhn' nach robh Dòmhnall Seumas Iain
mar neach sam bith eile. Bhiodh e fhèin dhen bheachd gur dòcha
gur e an seòrsa bìdh a bha e ag ithe aig an robh buaidh air bho
àm gu àm agus bhiodh e a' cleachdadh iomadh seòrsa fiosaig gus
an gluaiseadh biadh sam bith, ceart no ceàrr gum bitheadh e, tro
chom am broinn ùine gheàrr.

Agus an uair a shaoileadh e a chanadh a' Mhaini bhòidheach
e sgur dhe a chuid àmhailtean, fhreagradh esan nach robh dad a
dh'fhios gu dè a bha daoine eile a' dèanamh air cùl chùrtairean
dùinte agus dhorsan glaiste, agus nach robh esan ach mar fhear
san t-sreath.

'Tha mi a' dol innte tràth a-nochd,' thuirt e ri Maini, ''s e an
leabaidh an aon sòlas a th' agam air fhàgail agus an aon àite sam
faigh mi fois bho ghleadhraich mo chinn.' Thaisg e an teine agus

ghabh e Mijuc slàn. Shaoil leis gun tuirt ise gun robh a thìd' aige stad dhiubh, ach 's ann a bhiodh sin le gean math.

'S ann agus a' ghealach na h-àirde a thàinig cùisean gu aon 's gu dhà.

A-mach às a shuain shaoil leis an Dosan gun robh e a' cluinntinn fodhar fhuaim, mar gum biodh daoine a' briseadh a-steach agus feadagan aca. Ambaileans, smaoinich e, agus e a' tarraing air a bhriogais agus a shliopars.

Cha chreideadh Dòmhnall Seumas Iain nach b' e cuideigin ann an riochd an t-Sàtain a bh' air lasair a chur ris an taigh aige agus e a' tòiseachadh a' faireachdainn fàileadh an dathaidh. 'Cò a rinn seo?' ars esan. 'Dìoghlaidh iad air, geallaidh mise sin dhaibh.'

''S ann a tha an similear agad air a dhol na theine,' fhreagair fear mòr calma. 'Bha thu fortanach gun robh Cathie ud shuas a' dol seachad agus gun do mhothaich i. Tha Alasdair air a chur às ach tha e air butarrais fhàgail às a dhèidh. Cha ghabh na rudan seo a dhèanamh le snas.'

Agus mus do sheall e ris fhèin bha Alasdair air a dhol tro na rumannan eile a dhèanamh cinnteach nach robh dad sam bith air sgaoileadh, oir bha sin aca mar dhleastanas mus fhàgadh iad taigh sam bith sam biodh teine.

Bu mhath a bha fios aig an Dosan gum faiceadh iad an sealladh san t-seòmar-cadail. Cuiridh iad an ceòl air feadh na fidhle, smaoinich e. Cluinnidh Mòrag mu àite-cadail Maini.

Ach cha tuirt duin' aca dad, dìreach sùil cheasnachail ga choimhead air oir, seòrsa de shùil thuigseach thruasail.

B' e a' chiad rud a rinn e am managan a ghluasad às an leabaidh agus a cur air ais na suidhe na cùil fhèin san t-seòmar fuaigheil am measg nan dealbhan, agus le peile is na h-uidheaman àbhaisteach rinn e glanadh agus sgioblachadh, gus mu dheireadh nach aithnicheadh tu gun robh dad air gabhail àite. Às dèidh sin chaidh e chun an laptop a dhèanamh cinnteach gun robh *An Lònan Dubh* mar bu chòir.

Agus an ath latha thug tè na bùtha dha sgonaichean, agus cearc a bhruicheadh e gu dhiathad. Thàinig Mòrag an t-Solais le cèic a rinn i fhèin. Bha sin às annas dhi, oir cha robh e na chleachdadh aice a bhith a' tadhal mura h-iarradh e sin oirre nam biodh i a-muigh leis a' chù. Agus cha robh a' chèic aice cho math ri sin. Bha a h-athair ceart. Nuair a bha i a' falbh thuirt i, ''S math nach do dh'èirich càil dhan mhanagan co-dhiù!'

''S math,' ars esan. 'Tha mi gu math ceangailte rithe.'

'Mhothaich mi sin,' ars ise.

*   *   *

Bha an Solas air tabhairt gu bhith a' fònaigeadh an Dosain co-dhiù a h-uile seachdain. An tigeadh e a dhèanamh siud, no an tigeadh e a dhèanamh seo? Uaireannan chanadh Dòmhnall Seumas Iain nach b' urrainn dha, ach gu leigeadh e fios nuair a bhiodh an t-uallach na b' aotruime. Eadhon ged a bha na dramaichean math sna feasgair còmhla ris a' bhodach nuair a bhiodh e shìos, cha robh e airson gun gabhadh an cleachdadh a bheatha a-null. Sguir e a ghabhail nam Mijucs an latha a chuireadh e roimhe gun robh e a' dol sìos, oir an cois an uisge-beatha bha a thaobh-staigh buailteach a dhol na theine. Cuideachd bha am managan, shaoil leis, air iarraidh air sin a dhèanamh.

B' ann air fear dhe na feasgair sin agus an treas drama mhath air a lìonadh a dh'innis an Dosan dhan bhodach gun robh esan a' sgrìobhadh leabhar. Leig am bodach lachan.

'Cò mu dheidhinn?' ars esan.

'Dìreach mu dhaoine – daoine a rinn mi fhìn an-àirde nam cheann.'

'An dùil an aithnichinn duin' aca?'

'Ha, ha, ha!'

'Cuin a tha thu a' dol ga chur a-mach?'

'Och, 's iongantach gum faic e solas an latha a-chaoidh. Bidh iad ag ràdh gu bheil e daor leabhar a chur a-mach. Agus leabhar Gàidhlig – cha mhòr gum biodh duine ag iarraidh a leughadh agus uimhir de leabhraichean Beurla rim faighinn. Chan eil airgead dhen t-seòrsa sin agamsa ann. Smaoinich mi gur dòcha gur ann sa Bheurla a dh'fheuchainn air, ach cha tigeadh smid thugam. Thòisich mi le 'Once upon a time', mar a bhiodh sinn a' faighinn san sgoil, ach bha an cànan gam chìopachadh.'

'An e thriller a th' ann?' dh'fhaighnich an Solas. 'Mas e, còrdaidh e riumsa. Gunnaichean is èigheachd, amharas am broinn amharais.'

'Tha feagal orm nach e; 's iongantach gun còrdadh am fear seo ribhse idir! Chan eil e ach mu fhear a dh'fhalbh a dh'Ameireagaidh agus na rudan a thachair ris ann an slighe na beatha. Chan eil daoine a' creidsinn cho aonaranach 's a tha e a bhith a' cur sgrìobhadh ri chèile, cho duilich 's a tha e a bhith riaraichte leis an rud a tha thu a' cur sìos. Bha dùil agamsa nach biodh ann ach dòrtadh sgrìobhaidh a thaomadh a-mach gun abhsadh gus am biodh an leabhar deiseil, aon uair 's gum faighinn inntinn cheart airson faighinn a-steach ann.'

'Gabh air do shocair leis, a bhalaich, gabh air do shocair. Chan eil sgrìobhadh ach mar cheàrd sam bith eile, ag atharrachadh do chuspair gus an tig loinn air agus a bhios an snaidheadh ullamh. Bidh an dàrna fear a nì thu gu math nas fhasa dhut.'

'Ma bhitheas a-rèist … '

Agus às dèidh dhan Dosan gealltainn nach biodh e fada gun a thighinn a-rithist a sgioblachadh na cruaiche mònach a-muigh 's a-staigh, thug e ceum às sìos na bruthaichean ri cùl nan gàrraidhean mar chat a-muigh air an oidhch'.

Gun teagamh bha Dòmhnall Seumas Iain na adhbhar-smaoinich dhan t-Solas. Bha e ga fhaighinn mì-chinnteach agus falchaidh. Bha e toilichte ann an seagh gun robh e a' sealltainn ùidh ann am Mòrag, oir bha esan air a bith iomagaineach gum biodh i air a fàgail leatha fhèin. Ged bu dòcha nach b' e an Dosan a roghainn cèile dhi, well, dhèanadh e a' chùis. Bha e a' fàs eòlach mun taigh agus bha e èasgaidh.

Cha robh fireannach air a bhith ann am beatha Mòrag gu ruige seo fhèin, oir bha fios aig a h-athair gun canaist gun robh i caran sìmplidh na dòigh, agus shaoileadh e gum biodh beag no mòr de thuigsinn aig an Dosan air a sin. Dhèanadh iad sgioba math gu leòr, agus nam biodh esan leotha, cò a ghabhadh orra a bhith nan aghaidh?

## An Lònan Dubh

Chan fhaigheadh tu mòran dhen t-srann Ameireaganach a-nis ann an còmhradh Ema. Bha i air i fhèin a thoirt gu bhith a' bruidhinn mar bhoireannach Sasannach sam bith, ach dìreach gun togadh tu fonn sìnte bhuaipe corr' uair a bheireadh ort cuimhneachadh càit an robh i na h-òige. Thòisich i a' cleachdadh Erica Small, a h-ainm baiste, nuair a bhiodh i a' sireadh obrach, mar gun tugadh sin dhi an comas bhon taobh a-muigh a cùl a chur ri na bh' air tachairt rithe.

'S e obair ann am bùth a bha i a' sireadh. Àite far am biodh i am measg dhaoin' eile, agus far am biodh rudan brèagha rin làimhseachadh. Cha robh sin duilich dhi fhaighinn ann am baile mòr Lunnainn, ann am bùth san robh trì stòir a' dèiligeadh ri aodach-dachaigh is -leapa. Bha i math air a bhith umhail agus air a bhith ag èisteachd ri iarrtasan nan urracha mòra a bhiodh a' tadhal airson aodach a sheòrsaigeadh eadhon ged nach ceannaicheadh iad càil. Dh'aithnicheadh i cuideachd cuin a bhiodh e iomchaidh beachd a thoirt, gun a bhith agharnail, agus ged a thabhaich muinntir na bùtha àrdachadh oirre an ceann sreath, dhiùlt i e, oir bha feagal oirre nach dèanadh a h-inntinn a' chùis air an uallach a bhiodh an cois sin.

Dh'fhuirich i san ostail gus an d' fhuair i air a casan. Thug sin greis, ach bha muinntir an Salvation Army deònach i bhith ann, oir bha dòigh aice agus cha robh i a' cur dragh air duine, leasanan a dh'ionnsaich i bho h-òige anns gach àite san robh i.

Mu dheireadh fhuair i àit' air mhàl, dà rùm is goireasan ann an teanamaint, far am faodadh i beag no mòr dhe a stuth fhèin a thoirt. Bha i toilichte nach robh e ro fhada bhon obair, agus gum biodh i leatha fhèin air falbh bho chàparaid na h-ostail. Bha i air tòiseachadh a' cur a sùil ri beatha às ùr a thogail dhi fhèin.

Aon latha sa bheatha ùr aig Ema agus i air a bhith ag obair sa bhùth aon cheithir bliadhna, ghabh i goiriseachadh. Bha i mionnaichte gur e Mrs Traverne a bha i ri faicinn eadar i 's leus, tarsainn air ceithir cuntairean, agus a sùil a' gabhail a-steach bloigh dhen bhùth gu lèir. An toiseach cha robh i buileach cinnteach, ach le mar a bha i a' gluasad timcheall agus a' dol bho rud gu rud agus Daisy a' mìneachadh phrìsean dhi, agus ise a' cur a guailnean air ais agus a ceann beagan chun na làimhe clì, bha fhios aice nach b' urrainn gur e tè sam bith eile a bhiodh ann.

Thionndaidh i a cùlaibh rithe, a' stiùireadh na tè a bha i fhèin a' riarachadh gu bhith a' coimhead taobh eile, agus an ceann greis nuair a ghabh i oirre sùil eile a thoirt air a faiceall, cha robh sgeul oirre. A' bruidhinn air faochadh! Ach b' ann an latha sin a rinn i aithneachadh gum b' fheàrr dhi teicheadh mus biodh an ceòl air feadh na fìdhle le muinntir na bùthadh agus gum biodh i air an allaban, gun obair gun teachd-a-steach air a cùl.

* * *

Air feasgar ciùin foghair ann an Lunnainn, agus Ema air a thighinn a-mach às a' bhùth airson a slighe a dhèanamh dhachaigh, bha fear a' feitheamh rithe. Fear le ad agus ite na cliathaich, ann an deise chlò uaine. Cò eile ach Traverne?

Cha tug i suathalas dha an toiseach gus an tàinig e dìreach na coinneamh agus a thuirt e a h-ainm. 'Ema Gillespie?' ars esan.

Dh'fhairich i i fhèin a' dol bàn san aodann, a casan an impis dìobairt – cha robh dol-às aice.

'Chunnaic mi fiosrachadh beag sa phàipear-naidheachd bho chionn dhà no thrì bhliadhnachan air ais gun d' fhuair thu a-mach,' ars esan. 'Gann gun robh ann ach dà sheantans. Ach cha robh Ema eile gu bhith ann.' Chuir e a làmh air a gualainn.

'Na biodh feagal sam bith ort,' thuirt e, 'chan eil mise a' dol a dhèanamh dad nad aghaidh. Chan iarrainn ach an rud a b' fheàrr air do shon. Biodh fios agad air an sin.'

Chùm iad orra a' coiseachd. Cha robh i airson gum biodh fios aige càit an robh i a' fuireach. Ghabh iad seachad air doras mòr na sràide aice gun sùil a thoirt taobh seach taobh, gun dad ri chluinntinn ach bragail am brògan, gus mu dheireadh an do ràinig iad pàirce san robh loch agus tunnagan agus daoine a' gabhail air an socair gam biathadh agus nan suidhe air cuid dhe na beingean.

Shuidh iad air being fo chraoibh.

'Bha dùil agamsa,' ars esan, 'an latha ud nuair a thachair an t-uabhas, gun robh thu a' dol ga chur às mo leth-sa. Cha do rinn thu sin, ged a bu mhi a bu choireach ann an dòigh. Cha bu chòir dhòmhsa a bhith air a ràdh gun cailleadh sibh an taigh, cha robh mi ga chiallachadh – 's e sin a bh' aig bonn a h-uile dad a bh' ann, còmhla ri na rudan eile. Cha bhiodh dachaigh agaibh. Bha Mrs Traverne air a nàrachadh gun dèanainn a leithid a rud. B' ann ri Murdo a bha mo ghnothaich an latha ud agus chaidh thusa air dhìochuimhn'. Cha b' e gum bu chòir dhut. Ach bha sinn uile na b' òige an uair ud. Fios agamsa air a h-uile rud. Bragail. A' dèanamh a-mach gur e uachdaran mòr cumhachdach a bh' annam, agus a' gabhail thairis air a' choibhneas a bh' eadarainn sna làithean fad-às sin nuair a bha mi a' cur feum air tuigse. Tha mi airson a ràdh gu bheil mi duilich. Glè dhuilich.'

Bha e mar gun tigeadh sàmhchair air a' phàirce, na duilleagan foghair a' tuiteam tè às dèidh tè agus soirbheas beag laghach gan sgùradh 's gan sgioblachadh 's gan cruachadh an siud 's an seo. Bha Ema mì-chofhurtail. Bha a h-aigne air sloc a tholladh na stamaig, agus cha robh e furasta dhi facail a thaghadh anns am biodh brìgh.

'Dè mar a tha Mrs Traverne?'

Cha do leig Ema oirre gun robh i air mothachadh dhi sa bhùth. Ach cha robh dòigh eile ann, shaoil i, a bhiodh esan air ise a lorg ach mar sin.

'San àbhaist,' fhreagair esan. 'Math gu leòr. Mar a chleachd.'

Bha na facail eadar an dithis air a dhol cnapach agus caran staoin.

'Ghluais sinn,' ars esan, 'bhon tac far an robh thu fhèin is Murdo, agus bho leig mise dhìom sin, cheannaich mi sreath bheag bhùthan a tha a' dèiligeadh ri stuthan dachaigh – cùrtairean, aodaichean, lampaichean, poitean is stuthan còcaireachd 's mar sin.'

Cha robh Ema ach ag èisteachd. Bha i a' miannachadh èirigh agus falbh ach cha deigheadh aic' air. Bha i air druideadh a-steach a dhèanamh air na làithean fad-às ud agus seo iad a-nis a' togail cinn. Dh'aithnich e gun robh a h-inntinn a' gluasad ann an saoghal eile, gur dòcha nach robh i a' toirt fa-near.

Shuidh iad an sin ùine mhòr, no coltach ri sin. Dh'èirich Traverne agus san t-seasamh chuir e a làmh air a glùin airson faighinn air a chasan. Sheas ise cuideachd airson a chrathadh dhith.

'Càit,' ars ise, 'an do dh'adhlaic sibh Murdo? 'S e am peanas as motha a rinn mise nach eil fios agam càit an tèid mi shealltainn air. Sàraichte 's gun robh e, agus bonn-fìrinn a thinneis air mo lìonadh le ciont is aithreachas, cha robh còir agamsa siud a dhèanamh. Tha fios agam air a sin. Tha e gam leantainn ge b' e càit an tèid mi, talamh-toll no àite-falaich. Lùiginn a bhith far am bitheadh e. Tha fhios agaibh gu dè a tha mi a' ciallachadh.'

'Tha e air an tac. Bheirinn ann thu nam biodh tu ag iarraidh. Chuir sinn clach air agus tha t' ainm-sa oirre cuideachd. Rinn mi mar a b' fheàrr a b' urrainn dhomh. 'S iongantach mura robh fios agad a-riamh gur ann mar sin a dhèiliginn riut. Bha an rud a bh' againn còmhla cho bòidheach.'

'Ciamar a lorg sibh mi?'

'Cha robh sin duilich. Tha thu 'g obair ann an tè dhe na bùthan agam. Tha fios agam gu bheil thu air a bhith innte bhon latha a thòisich thu. Bidh mi a' faighinn liosta dhen a h-uile duine a tha a' cur a-steach airson obair annta agus dh'aithnich mi d' ainm cho luath 's a chunnaic mi e. Erica Small. B' fhada bho dh'inns thu dhomh gur e sin d' ainm baiste sna còmhraidhean a bhiodh eadarainn. Chuir mi rionnag mu choinneamh d' ainm gus an cuireadh e cuideam orra do thoirt a-steach. Mura biodh iad air a dhèanamh, bhithinn air a dhol dha na h-eadraiginn.

'Cha b' urrainn dhomh gun snodha-gàire a thighinn orm nuair a chunnaic mi gun do dh'ainmich thu gun robh thu air a bhith nad mhiseanaraidh ann an tìrean cèine fad bhliadhnachan ach a-nis a' lorg obair de sheòrs' eile! Thèab mi thighinn a shealltainn ort nuair a bha thu fo ghlais, ach cha robh mi airson aire sam bith a thoirt thugad san t-seagh sin. No thugam fhìn.

'Bheil dad ann a nì mi dhut? A bheil miann sam bith agad a dhol dhachaigh cuairt a dh'Ameireagaidh? An dùil a bheil d' athair beò? No do bhràthair?'

''S beag m' fhios. Tha mi air mo tharraing thuca a dh'aindeoin 's mar a rinn iad rium. Rud eanchainneil a th' ann. Ach tha m' fhaireachdainn gam thàladh fuireach far a bheil mi. Uaireannan cha bhi mo cheann 's mo chridhe a' freagairt air a chèile. Bidh mi a' smaoineachadh ach an ann bhuaithe san a thug mise a bhith mar a tha mi. Gann gu bheil cuimhn' agam air mo mhàthair.'

'Chan eil thu ach mar gu leòr eile. Feuch am bi thu nas moiteile asad fhèin.'

'Cha ghabh sin a bhith. An e bana-mhurtair? Come on.'

'Chanainn-sa gum feumadh tu a dhol air ais. 'S ann an uair sin, 's dòcha, a gheibheadh tu air adhart.'

'Tha mi a' faighinn air adhart math gu leòr, agus co-dhiù chosgadh sin fada cus. Tha mi glè mhath mar a tha mi.'

'Dè nan tugainn-sa dhut bliadhna dheth le pàigheadh agus d' fharadh a bharrachd air a sin?'

Seo e, smaoinich i, a' cur charan dhìom a-rithist, a' gabhail a' bhrath air m' uireasbhaidhean.

'Smaoinich air,' ars esan. 'Siud mo chairt. Fàgaidh mi agad i.'

Cha robh i airson sin, nam b' e 's gun atharraicheadh i a h-inntinn 's gu saoileadh e gun robh i air a bhith a' toirt dha àite às ùr na smaointean, a h-aire a' dol a-null thuige, a' stad 's a' steigeadh aig nithean nach b' fhiach ùine a chur seachad, ga claoidh fhèin.

'Cha leig sibh a leas. Gleidhibh ur cairt. Nì mi e. 'S dòcha nach fheum mi a' bhliadhna. Chan eil fios agam gu dè a bhiodh romham. No an gabhainn aithreachas. Tha e coltach nach beir gad air aithreachas. Sin aon rud a dh'fhiosraich mi.'

Dh'aontaich iad coinneachadh san dearbh spot an ceann seachdain. An latha sin thug e dhi cèis gheal. Bha e air a h-uile dad a chur air dòigh. Agus beagan airgid a bharrachd cuideachd. Thàinig suigeart na ceum agus na h-inntinn. Shaoil leatha gun robh a mac-meanmna a' toirt oidhirp air leudachadh – leus beag de sholas an latha a' soillseachadh nan speuran.

''S tu fhèin a dh'fheumas innse gu bheil thu a' falbh. Na can guth mu bhliadhna dheth. Chì sinn dè a thachras an ceann na bliadhna.'

Thug e dhi pòg aithghearr air a maoil agus dhealaich iad. Chaidh ise a-steach do chafè na pàirce gus am faca i Traverne a' dol air fàire, a bhrògan tacaideach a' dèanamh bragadaich throm air an t-slighe mhorghain mar shamhla dhi air dorsan iarainn a' phrìosain agus ransaichean iarainn nan uinneagan san dachaigh chrìosdail air am biodh i a' bragail le cìr bheag iarainn a bha a h-athair air a thoirt dhi uaireigin a' feuchainn ri fonn 'Mòrag's Song' a thoirt asta.

## An Dosan

Cha b' ann mar seo a bha dùil aig an Dosan a thigeadh *An Lònan Dubh* a-mach. Cha robh e a-riamh air smaoineachadh gu dè an cruth a bhiodh air. Cò aige bha dùil ri murt is marbhadh? Bha e duilich mar a thachair dha Ema, gur ann mar siud a thionndaidh i mach. Dh'fhaodadh i bhith air a dhol air adhart agus iomadh gnìomh crìosdail a choileanadh na beatha a bhiodh air sàsachadh agus toileachas a thoirt dha gu leòr. Well, cha robh fhios nach do rinn i sin, ged nach robh beachd aigesan. 'S i a b' fheàrr leis ann an iomadh dòigh na Gordon. Esan a bha na dhotair, ach a bha caran fuaraidh, ge b' e an tigeadh tionndadh air a chòta – an leigeadh e taobh eile dheth fhèin ris. Ach b' e John Small fhèin a rugadh 's a thogadh ann am baile beag air tuath Leòdhais a b' fheàrr leis buileach a-nis. Duine le lasair is comas nach d' fhuair a-riamh guth. Duine toinnte, lom. Beò dha fhèin a-mhàin.

Bhiodh Dòmhnall Seumas Iain a' smaoineachadh air na daoine sin a h-uile latha eadhon nuair nach biodh e a' sgrìobhadh mun deidhinn idir. 'S e nach robh fios aige gu dè an taobh a ghabhadh iad no càit an tionndaidheadh iad. Agus nuair a bhiodh e a-muigh a' togail dhealbhan, no a' fuaigheal dhreasaichean, bha iad air aire cuideachd, agus uaireannan bhiodh còmhradh eatarra. Sanaisean beaga, no eadhon gearra-ghobaich. Bha e an dòchas gum faigheadh e aithne na b' fheàrr air Gordon, gun èireadh e a-mach far na duilleig, gun tigeadh fàs air a leigeadh sealladh air a bheusan dha cho-chreutar. Ach tha cuid de dhaoine ann air nach fhaigh thu eòlas ceart ann am bith agus 's dòcha gun robh Gordon air fear dhen fheadhainn sin.

Bhiodh an Dosan cuideachd an dòchas gun tigeadh an teaghlach seo 's na bhuineadh dhaibh gu chèile aig a' cheann thall agus gum biodh iad uile dòigheil còmhla 's a' faighinn air adhart. Bhiodh sin math, dìreach mar na seanchasan a bhiodh sna leabhraichean nuair a bha esan beag. 'And they all lived happily ever after.'

Sin an rud nach b' urrainn dha a ràdh mu theaglach fhèin, 's gun e air cluinntinn bho Debbie ann am bliadhnachan, no bhon mhàthair a rug e bho thàinig e a dh'fhuireach sna badan seo. 'S ann a bha a' choimhearsnachd bheag ud air a dhol na teaghlach dhàsan – cha b' e gun robh e cho dèidheil a sin air a h-uile duin' aca idir – ach bha e ga fhaireachdainn fhèin sàbhailte gu leòr agus bha fios aige nan tigeadh cùisean gu aon 's gu dhà na bheatha gum faigheadh e taice bhuapa.

Bha John Small agus a theaghlach cuideachd nan taice dha agus smaoinich e gum bu chòir dha feuchainn air sgarfaichean tartain a dhèanamh a bhiodh mar shuaicheantas air a thlachd asta. Gur dòcha nan tigeadh John Small dhachaigh a-rithist ro dheireadh a latha gun ceannaicheadh e tè dhiubh!

'Ha! A Dhosain, na bi gòrach!' thuirt am managan.

Mar sin thòisich e a' reic sgarfaichean de dh'iomadh seòrsa tartain, ach an-còmhnaidh 's e tartan nam Bochanach air an robh a shùil. Seo a-nis dhut, Iain Bhig Chùl nan Cnoc, theireadh e ris fhèin. Gheibh thu do leòr sgarfaichean an seo, ma bhios iad a dhìth.

Am feasgar sin, 's ann a chuir e fhèin air tè dhiubh agus e air fàs caran fionnar. An geamhradh an ìmpis dlùthachadh, am fonn air tionndadh ìosal agus glas. Am beagan chaorach a chitheadh tu, bha iad a' pràbladh na bha air fhàgail dhen fheur timcheall nan toman agus air tòiseachadh a' gabhail fasgadh ri na ballachan. Ged a bha Maini agus muinntir *An Lònan Dubh* a' cumail cuideachd ris, agus na Mijucs ga chumail air uachdar, bhiodh smuaintean annasach ga bhuaireadh. Nuair a thachradh sin, bhiodh e a' dèanamh às cùl nan gàrraidhean sìos gu taigh an t-Solais agus a' dèanamh cèilidh beag far am biodh iad a' bruidhinn air àm a' chogaidh agus cuspair sam bith eile a thogradh tu a thogail.

Thòisich an Dosan a' creids gun robh e fhèin gu fìor air a bhith sa chogadh, gun deach a leòn, cha b' ann idir na cholainn ach na inntinn, inntinn a bha a-muigh an sin a' ruith 's a' leum 's a' buiceil gun mhòran ceannsachaidh. Nuair a thilleadh e dhachaigh à taigh an t-Solais dh'innseadh e dhìse mar a thachair ris sna trainnsichean, cho salach 's a bha iad, agus cho acrach. Agus uaireannan dheigheadh e a-mach leis a' chamara far nach fhaiceadh duin' e agus ghabhadh e dealbh dhen ghealaich air an fhonn agus air uachdar na mara san dorchadas, a' gleidheadh dhàsan duirchead nan amannan sin, agus rud a reiceadh dha air prìs mhath sa bhùth.

# An Lònan Dubh

Nuair a dhùisg Ema sa mhadainn, dh'fhairich i uallach. Bha i air a thighinn a shireadh rud nach robh ann. Bha a h-athair an-fhoiseil agus chanadh i nach robh e ga h-iarraidh. Cha robh ise ga iarraidh-san na bu mhotha, ged a bha dùil aice gum bitheadh. Cha robh i ag iarraidh fios a bhith aice cò a bh' ann no cò às a thàinig e. Dh'fhairich i coltach ri dhol sìos an staidhre agus èigheach dha na niùil gur esan a bu choireach ris a h-uile dad a thàinig na rathad a-riamh. À, nam biodh fhios aige. Bha i a' dèanamh dheth nach b' ann falchaidh a bha e idir, ach cealgach. Agus an tè ud, Trish, a bha staigh an-dè, well, bha i a' smaoineachadh nach robh fhios gu dè a bha a' dol eatarra. Seann duine agus caileag òg. Sin agaibhse an saoghal.

Chaidh i mach dhan an leas air beulaibh an taighe. Dìreach mar a bha cuimhn' aic' air. Cha b' e gun robh i air a bhith a' smaoineachadh air, ach gun tàinig e air ais le buille. Gu h-àraid an dà chraobh bheag thall sa chòrnair. Dath domhainn pinc, fèar an aon dath 's a bh' air a bhith air dreasa-phòsta a màthar. Dreasa phinc, còta agus brògan nèibhidh, na brògan suèd le na cnuip àrda, agus baga nèibhidh cuideachd. A liuthad uair a chuir i oirre an t-èideadh sin 's a bhiodh i a' coiseachd shuas an staidhre, suas agus sìos, na brògan ro mhòr dhi agus an còta a' sliùdadh an làir. Sin far an do dh'ionnsaich i an toiseach am fuaim, fric-frac, frac-fric, agus a bhiodh i a' coimhead sìos air an dà chraoibh bhig a bha fhathast an siud, agus a' smaoineachadh cho àlainn 's a bhiodh iad air a bhith mar shìtheanan-làimhe airson togail a thoirt dhan trusgan.

Ach, ars ise leatha fhèin, dh'fhalbh sin is thàinig seo. Cha mhòr nach saoileadh i nach robh na làithean sin a-riamh ann, gur dòcha gur ann ga mealladh fhèin a bha i. Ach bha 'n taigh ann. An dà thaigh, am fear seo agus taigh beag an tac, agus na cùiltean air an robh i cho eòlach mun timcheall.

Bha esan a' dèanamh poit lite dha fhèin nuair a ràinig i sìos.

"Eil fhios agaibh an tè ud a bha seo an-dè – Trish? Am bi i a' tighinn tric?'

'Bha dùil agam,' ars esan, 'gun tuirt sinn nach biodh sinn ri cur cheistean. Ach seach gun do dh'fhaighnich thu, cha bhi. Cha robh i san taigh seo a-riamh chun an là an-dè.'

"S ann a chanainn gun robh sibh eòlach oirre. Seòrsa de chleamhnas. Tha mi creids' nach till i a-nis bhon a tha mis' ann. Chan eil mis' a' dol a dh'fhuireach ach seachdain, ma dh'fhuireas mi sin fhèin. Tha mi a' dol air ais air a' mhìsean. Cha bhi dùil agam tilleadh.'

Chuir e a thruinnsear lite air a' bhòrd. Dhòirt e mach bòbhla bainne dha fhèin. Chan fhac' i duine riamh ach e fhèin a' gabhail a lite 's a' toirt a' bhainne spàin às dèidh spàine às a' bhobhla. Rud eile a bhiodh e a' dèanamh, agus as e sin a' dòrtadh a chopain teatha dhan flat airson òl. Cha bu chaomh le a màthair a' mhagaid sin idir, gu h-àraid seach gum biodh e a' dèanamh fuaim mar slòpraich a bhiodh ga cur troimh-a-chèile.

'Dh'fhàs thu Sasannach,' thuirt e. "S iongantach mura h-eil tòrr Shasannach air a' mhìsean a tha sin. Tha mis' a' dol cuairt air an aiseag, 's àbhaist dhomh a bhith oirre mu dhà uair san t-seachdain, dìreach airson cur-seachad. Tha mi a' cur feum air rud air choreigin a chumas rium. Bidh mi bruidhinn ri grunnan dhaoin' oirre. Daoine nach fhaic mi a-chaoidh tuilleadh. Sin mar as fheàrr leams' e. Mar fir-chlis.'

'An ann aonaranach a tha sibh?'

'Chan ann. Cha do rinn sin dragh dhomh a-riamh. Tha mi dìreach nam dhòigh fhin. Mar as caomh leam a bhith. Dè an latha dhen t-seachdain a bhios tu a' tabhairt às?'

'Latha air choreigin. Fear dhe na làithean a bhios sibh air an aiseag. 'S fheàrr leam fuireach is falbh nuair nach bi sibh aig an taigh. Bidh sin nas fhasa. Aithnichidh sibh gun dh'fhalbh mi. Bidh mi air an leabaidh a striopadh. Cuiridh mi an iuchair dhan t-seada far am biodh i agam uaireigin.'

'Dèan sin.'

'Ceart gu leòr, ma-thà.'

Ceum air ais, ceum air adhart. Aideachadh nach obraicheadh cùisean. Cha robh dàimh air fhàgail far an gabhadh ceangal a dhèanamh. An dithis air cruadhachadh – cha robh am buntanas bunaiteach ach mar loidhne thana. Thachair na thachair, agus sin e.

Dh'fhalbh e chun an aiseig gun togail làimhe bho dhuine dhen dithis.

Ghabh ise a-steach dhan t-seòmar-suidhe. Shìn i air an t-sòfa a' coimhead nan dealbhan dhe na lochan 's na cnuic. Shaoil leatha gun cluinneadh i ceilearadh eun fad-às am broinn a cinn ged nach aithnicheadh i aon eun bho fhear eile, ged nach robh aithne sam bith aice air an còmhradh. Thàinig boil oirre – cha do dh'fhairich i a leithid ach an latha a thachair an t-uabhas, a' mhionaid a dhealaich i ri a ciall.

Striopaig i an leabaidh, dhùin i an rucsac agus ghabh i mach dhan t-seada.

Thug i steach an dà chanastair peant a bha i air fhaicinn an-dè, agus a' bhruis a bha rin taobh. Sheas i san t-seòmar-suidhe. Dhèanadh i an rud a bha ri dhèanamh.

Ghabh i dha na ballachan an toiseach ann am purpaidh agus car mu char le geal. Fo a h-anail thòisich i a' feadalaich 'Morag's Song' 's i a' sguabadh 's a' sgùradh 's a' sluaisreadh leis a' bhruis-pheantaidh, a h-anail na h-uchd. Shaoil leatha gun robh guth ag èigheachd Sguir, sguir, a dheamhain, ach 's ann na bu dàine a chaidh i, gus mu dheireadh nach fhaiceadh i loch no sgòth no beinn ach ballachan le peant a' sruthadh sìos air cùl nan sòfathan chun an làir.

A-mach à pòcaid bheag an rucsac rug i air cèis agus thug i mach dealbh. An dealbh dhen cheathrar aca, an aon fhear a bh' aice. Agus le prìne beag a lorg i na baga-làimhe steig i e am meadhan a' bhalla.

'Tha mi duilich, Mam,' ars ise agus i a' dol na dà lùban air an làr. 'Chan eil fios agam cò th' ann an duin' againn. Tha sinn air ar dubhadh às a-nis ann an leabhar na cuimhne – ach trusgan na bainnse agus na brògan àrda.'

Le sin dh'fhàg i na canastairean peant am meadhan an làir, ghabh i deoch bhainne às a' frids mar a shaoil i a bh' ann am 'Mòrag's Song', oir bhiodh e ag ràdh rudeigin mu bhainne a' chruidh. Thug i leatha sgarfa nam Bochanach – bha e air a fàgail air peige air cùl an dorais. Cha robh fhios carson a dh'fhàg e an-diugh i. Stob i dhan rucsac i. Chuir i an rucsac an uair sin air a druim, ghlas i an doras, chuir i an iuchair dhan t-seada, choimhead i a-null ri taigh nam Browns mar a bh' ac' air agus choisich i le ceum aotrom tarsainn nan sràidean chun an aiseig. Dànadas air tilleadh. Marbhadh de sheòrs' eile air a choileanadh.

Aon uair 's gun d' fhuair i air an aiseag, leig i a h-anail. Bha na sùilean aice a' sgiathalaich agus a' sireadh gun fhios nach fhaiceadh i dalladh air. Ach chan fhaca. Chùm i a h-inntinn air gach mòmaid a bha

roimhpe, gun leigeil dhi a bhith a' triall air ais, Staitu
na Saorsa mar chomharr dhi gur dòcha, nan cuireadh
i air a' mheidh e, gum biodh slighe ghlan roimhpe mu
dheireadh thall.

\* \* \*

Bha an sealladh a bha roimhe nuair a ràinig e
dhachaigh doilgheasach. Chanadh tu gun robh Ema
air an sgian a chur ann eadar na h-asnaichean. Chaidh
e air a ghlùinean air an làr agus ghuidh e air Rìgh
nan Dùl. Dh'aithnich e an dealbh beag cho luath 's a
chunnaic e e. E fhèin agus Ivy nan seasamh aig a' chùl
agus Gordon agus Ema nan suidhe air sèithrichean
air am beulaibh. Dh'fhàg e an dealbh far an robh e.
Bha e mar gum biodh e air a threòir a chall. Lùths nan
casan an impis a thrèigsinn. Shìn e air an t-sòfa agus
choimhead e suas ri mullach an rùm. Cha robh i air
dragh a chur air a sin. Bha cuid dhe na cnuic 's na
glinn aige fhathast. Chaidh e a dh'iarraidh na sgarfa,
oir bha e air a thighinn a-mach ann an grìs fhuachd.
Cha robh sgeul air a sin a bharrachd. Thug i bhuam,
smaoinich e, gach nì a bh' agam.

Chuir e seachad an oidhche air an t-sòfa gun a dhol
dhan leabaidh idir. Bha fàileadh a' pheant a' buntainn
ris. Ach thug a bhith eadar a chadal 's a dhùisg dha
cothrom smaoineachadh dè a dhèanadh e. Dh'fheumadh
na ballachan a bhith air gabhail aca. Bha latha a
dheigheadh aige fhèin air sin a dhèanamh, ach b' fhada
bhon uair sin. Dh'fhòn e gu bùth nam peantairean
a' chiad char agus an ceann dà latha bha na ballachan
uile air am peantadh geal. Nuair a thiormaich sin thug
e a-nuas an staidhre na dealbhan a bh' aige sa phreas
mhòr agus chroch e iad oir ri oir. Cha b' e mòinteach

Leòdhais a bh' aige tuilleadh ach dealbhan dhith. Thug e sìos an snap teaghlaich. Chuir e na phòcaid broillich e, gun cus coimhead a dhèanamh ris.

*　*　*

Bha seachdain air a dhol seachad bho bha e air an aiseag. Bha Trish a' gabhail iongantas. Bu dòcha, shaoil i, gun robh Ema fhathast gun fhalbh, gur dòcha gun do thuit iad ann an saorsainn de sheòrsa air choreigin. Cha robh fios aice am bu chòir dhi a dhol chun an taighe, agus cha robh i ag iarraidh fònadh ged a bha i air an àireamh fòn aige fhaighinn san leabhar aon uair 's gun robh seòladh an taighe aice. Dh'fheumadh i a ràdh gun robh i ga ionndrainn, ach bheireadh i dha speileag fhathast mus gluaiseadh i. Co-dhiù, bha sgrìobhadh gu leòr aice ri dhèanamh mu dhaoine eile gus an nochdadh iad san iris agus gus am biodh na ceannardan toilichte leatha.

Mar a bhiodh fios, thurchair iad air a chèile air an aiseag aon uair eile. Mhothaich i nach robh an sgarfa uime an-diugh. Ghabh i ealla ri sin an turas mu dheireadh ged nach tubhairt i dad. Fàilt' is furan.

'Thèid sinn dhachaigh,' ars esan. Shaoil leatha gun robh e a' coimhead na bu shine, na bu laige ann fhèin. Bhiodh sin an cois na h-aois, smaoinich i, ach bha e na bu nochdaidh an-diugh.

'Na dh'fhalbh Ema?'

'Dh'fhalbh. Thuirt i nach biodh i a' tighinn ach siud.'

'S e fàileadh a' pheant a' chiad rud a dh'fhairich i nuair a chaidh i steach. Lean i e dhan t-seòmar-suidhe.

'Wow,' thuirt i le ceist na sùilean. 'Cuin a dh'atharraich sibh seo?'

'Nuair a dh'fhalbh Ema. Chuir mi seachad an oidhche

air an t-sòfa a' smaoineachadh oirre, agus shaoil mi
gun robh an t-àm ann an t-atharrachadh a dhèanamh
ged nach biodh sin furasta. Ghlèidh mi am mullach mar
a bha, agus thug mi sìos na dealbhan a bha shuas sa
uardrob. Dè do bheachd?'

'An dùil an còrdadh e ri Ema, an e ise a thug fa-near
seo a dhèanamh?'

'Ann an dòigh.'

'Saoilidh mise gu bheil an rùm gu math snog. Fhad
's a chòrdas e rib' fhèin.'

'An dèan thu fàbhar dhomh?'

'M-m-m. Dè tha sin?'

'Dèiligeadh ris an leabaidh san robh i. An t-aodach
leap' a shadail às. Dìreach cur dhan sgudal e. Na nigh
idir e. Tha e na chnap air an làr mar a dh'fhàg i e. Dèan
sin dhomh sa bhad gus am faic mi gum bi e dèante.'

*　*　*

An latha ud nuair a dh'fhalbh Ema chuir i cùl ris
a' bheatha a bh' ann agus chuir i roimhpe a dhol air ais
a Shasainn. Dheigheadh i a dhèanamh sìth ri Murdo
Gillespie san àite san robh e na shìneadh.

Cha robh e duilich dhi idir an tac a lorg. Bha taigh
nan Travernes àrd ùghdarrail an sin fhathast, ach air
a sgeadachadh le pìos a chur ris agus am balla cloiche
a chleachd a bhith ceithir-thimcheall air gun sgeul air.
Airson a' chiad uair a-riamh shamhlaich i e ri taigh a
h-athar ann an Staten agus thug sin smaoineachadh
oirre.

Cha robh e fad' sam bith gus an tàinig boireannach
a-mach na coinneamh, tè àrd eireachdail a dh'fhaighnich
dhi fàth a turais. Thug an tè sin chun na cloiche i.
Choisich iad le chèile astar beag seachad air an taigh

sna thachair an gnìomh agus ann an cùil air taobh thall a' ghàrraidh bha clach ìosal ghlas na bu lugha na slat a dh'àirde ag innse na sgeòil ann an dà litir – MG.

'Chan eil fios againne cò a bh' ann an MG,' thuirt am boireannach, 'ach thuirt am fear bho na cheannaich sinn an tac gum buineadh e do dh'Alba agus do dh'Ameireagaidh agus gur e obraiche math a bh' ann. Seach nach robh daoine aige, smaoinich iadsan gum bu chòir a shìneadh sa bhad sin. Cha chuir e dragh air duine an sin! Bha an t-àite seo air a leigeil seachad nuair a cheannaich sinne e. Tha sinn air a thoirt air adhart sna còig bliadhna mu dheireadh. Chan eil sinn ga ruith mar thac ann. Dìreach mar thaigh-còmhnaidh. Tha an duin' agam na mhaoiniche ann an Lunnainn agus 's e àite sìtheil a tha seo dhuinn. Faic an taigh beag ud thall: rinn sinn sin an-àirde agus bidh daoine againn a' fuireach ann air mhàl. Chan eil duine ann an-dràsta, ach tha dùil ri feadhainn an ath sheachdain.'

'Am faod mi broinn an taigh' bhig fhaicinn?' ars Ema. 'Aithnichidh mi daoine a bhios a' sireadh àite dhen t-seòrsa air an tuath airson greiseag sìthe agus dh'fhaodainn ainmeachadh dhaibh.'

Chan aithnicheadh i bhon taobh a-muigh gun robh i riamh san taigh seo a bharrachd. Bha a leithid air a dhèanamh ris, airson a thoirt gu àrd-chofhurt. Àite dha-rìribh. Ach an dèidh sin bha na ballachan ag èigheach agus gun freagairt aice. Ag èigheachd gur ise a choisinn anail a bhroillich dealachadh ri corp Mhurdo, gur ise a bhuilich air an sgal dheireannach a leag e. Agus briathran an t-siorraidh gur e droch bhoireannach a bh' innte ga magadh mar gum biodh tu a' sadail cèiseabal bho bhalla gu balla.

'Gu dè an ùidh a th' agad ann an MG? Ma choimheadas tu ri oir na cloiche, chì thu gu bheil EG sgrìobht' an sin.'

'Tha mi a' faicinn sin,' ars ise.

'Am buineadh tu dha?'

'Ann an dòigh.'

Bha e cho math seanchas a dhèanamh an-àirde, a ceann a chumail teann agus eachdraidh air choreigin a lìbhrigeadh.

'Dh'aithnichinn cuideigin a bhuineadh dha uaireigin agus thuirt mi rithe gun tiginn a shealltainn air a' chloich.'

'Thuirt na daoine a tha a' fuireach air an ath thac gun cual' iadsan gur e a mhurt a chaidh a dhèanamh air, ach cha robh iad cinnteach. Chan eil cho fada sin bho thàinig iad. 'S caomh le daoine an-còmhnaidh a bhith a' dèanamh dheth gu bheil dìomhaireachd agus gnìomhan dorcha an cois rudan – 'eil fhios agad, rudan nach eil 's nach robh 's nach bi.'

'Well, tapadh leibh airson siud a shealltainn dhomh. 'S fheàrr dhomh falbh.'

'Na falbh buileach fhathast. Thig a-steach agus gabhaidh sinn balgam teatha.'

Agus 's e sin a rinn i, a-steach a bhroinn an taigh' mhòir mar a bhiodh ac' air, far am biodh i a' glanadh agus a' gleansadh aig na Travernes uair dha robh 'n saoghal.

'Miseanaraidh a th' annam,' ars ise. Bha e iongantach mar a bha sin a-nis air a dhol na phàirt dhe a h-eachdraidh, bàrr a teanga. 'Miseanaraidh,' mar gun robh i airson a dhèanamh cinnteach dhi fhèin a cheart cho math ris a' bhoireannach. 'Miseanaraidh,' ars ise aon uair eile.

'Càit?'

'Taobh thall an t-saoghail, sna tìrean bochda. Tha mi a' fàs ro aosta airson nan rudan sin a-nis, agus tha dùil agam seatladh san rìoghachd seo fhèin. Tha flat bheag agam ann an Lunnainn agus tha mi ag obair ann am bùth; ghabh mi dà latha dheth airson a thighinn dhan phàirt seo.'

Thòisich i a' cuimhneachadh fhad 's a bha an còmhradh a' dol mar a dh'ionnsaich i san dachaigh chrìosdail dè thachradh dhaibhsan a bhiodh ag inns nam breug. Teine is pronnasg. Cha do dh'ainmich iad murt is marbhadh a-riamh. Dìreach a' bhreug.

'Inns dhomh mun bhùth agus a' flat.'

Thug Ema iomradh air a' bhùth agus dh'inns i mu na h-aodaichean agus na stuthan dachaigh. 'Am flat,' ars ise, 'well, chan eil ann ach seann àite beag bochd air mhàl, ach 's e mo dhachaigh a th' ann.'

'Agus a bheil mi a' mothachadh dha srannan beaga Aimeireaga corr' uair nad ghuth?'

'Dh'fhaodadh sin a bhith. Bha grunnan Ameireaganach air a' mhisean agus 's ann nan cois-san a bha mise buailteach a bhith. Tha duine no dithis eile air sin a chantainn rium.'

Dè mur deidhinn fhèin?'

''S e an rud as motha a tha dhìth ormsa an-dràsta cuideigin a lorg a thig a-steach an seo a dh'fhuireach airson an t-àite-sa a chumail a' dol thairis air seachdain an siud 's an seo. Tha feadhainn air a bhith agam ach cha robh iad earbsach. Lùiginn faighinn air falbh còmhla ris an duin' agam mu thrì uairean sa bhliadhna nuair a bhios e a' dol a-null thairis air turas tha e ag ràdh gum bi mnathan chàich ann ach tha mise glaiste an seo le na beathaichean – chì thu fhèin gu bheil an dà chù sin agus na cait ag iarraidh sealltainn às an dèidh. A bheil fhios agad air duine? Bha mi riamh an dòchas cuideigin mar thu fhèin fhaighinn, cuideigin moralta agus smaoineachdail mun co-chreutair. Tha mi air a bhith caran aonaranach bho bhàsaich mo mhàthair – bha i còmhla rium an seo gus na bhàsaich i bho chionn bliadhna.'

Smaoinich Ema mar a chòrdadh e rithe a leithid sin a dh'obair a bhith aice fhèin, dòigh air a bhith a' tighinn a-mach dhan phàirt àlainn seo dhen tìr air an robh i cho mion-eòlach bho chionn fhada. Agus an taigh mòr, mar a mhiannaich i riamh gur ann leatha fhèin agus Murdo a bha e, agus i a' gabhail ealla ri na lampaichean beaga, na bùird ìosal leòmach ri oir gach sèithir agus sòfa, na dealbhan air na ballachan agus coinneal laiste air a' chagailt ged nach robh ann fhathast ach àird an latha. Agus nuair a choimheadadh i mach air an uinneig agus a chitheadh i na raointean fada gorma le na craobhan ìosal gan dealachadh bho chèile, bha fios aice gun robh a h-anam aig fois san àite seo agus gun robh e mar gum b' eadh ga fàilteachadh air ais agus a' toirt mathanas agus furtachd.

'Agus mo phiuthar,' ars am boireannach, 'lùiginn a bhith ga toirt an seo na bu trice, ise a tha crùlainneach 's a bha bhon a' bhroinn. Ach 's e neach fhaighinn a bhiodh earbsach agus fìrinneach. Thathas air mo leigeil sìos cho tric.'

'B' urrainn dhòmhsa sin a dhèanamh,' ars Ema, agus na facail a' tighinn a-mach às a beul gun cheannsachadh. Mar bu trice bhiodh i a' toirt an aire ciamar a bhruidhneadh i, a' cumail a smuaintean fo chìs agus gun a bhith a' toirt cus dhith fhèin seachad.

'Tha Elsa mo phiuthar ann an dachaigh cùraim agus tha mi a' faireachdainn ciontach mun sin: gheall mi dham mhàthair gun coimheadainn fhìn às a dèidh, ach cha robh an tè a bh' agam gu math dhi.'

Cha robh adhbhar sam bith, smaoinich Ema, nach fhaigheadh ise air ais dhan àite seo a bha dhi na shòlas uaireigin. Bha Traverne a' cur a pàigheadh dhan bhanca a h-uile mìos, ach stadadh sin an ceann na bliadhna. Ach sa ghreiseig a bha roimhpe cha bhiodh adhbhar sam bith carson nach gabhadh ise obair nam faigheadh i i: bhiodh airgead aice ga shàbhaladh agus bhiodh i suidhichte na staid.

'Chòrdadh e riumsa ur cuideachadh.'

'Chan aithnich sinn a chèile, chan eil fios againn cò a th' againn. Ach tha gun robh thu air a' mhisean a' toirt dhomh beachd gur e creutair ceart a th' annad.'

Agus sa chonaltradh a-null 's a-nall, fhuair Ema a-mach gur e Mrs Westbrooke an t-ainm a bh' air a' bhoireannach seo, agus gun robh feagal oirre a bhith leatha fhèin, rud nach robh i air innse dhan duine aice riamh.

'Tha an taigh seo ro mhòr dhuinn, agus tha e iomallach, ach is fìor chaomh leinn e an dèidh sin. 'S e dìreach cuideachd nuair a bhithinn leam fhìn.'

Agus le bhith a' tuiteam ann an saorsainn agus a' coimhead a-mach air na h-uinneagan chun nan raointean gorma agus nam beannaibh air an taobh thall, cho-dhùin Ema gun robh i a' dol ga tabhach fhèin car tamaill air a' bhoireannach seo a bha air beag no mòr de dh'fhosgladh a-mach a dhèanamh rithe air a faireachdainnean.

'S ann mar sin a thòisich i a' fuireach san taigh mhòr còmhla ri Mrs Claudia Westbrooke, deireadh seachdainean an toiseach, nam biodh aigesan ri falbh, agus mu dheireadh làithean an ceann a chèile. Bha esan, George, an dòchas gu maireadh an set-up a bha seo, oir am beagan a bha e a' faicinn de dh'Ema bha i a' còrdadh ris, ach 's e mar a bha i air Claudia a thoirt a-mach aiste fhèin an rud a b' fheàrr leis buileach.

Mar sin, chaidh na làithean nam bliadhnachan. Thug iad Elsa dhachaigh agus ghluais i fhèin agus Ema a-steach dhan taigh bheag san do thachair an t-uabhas, Ema na beachd fhèin a' pàigheadh air ais a cuid fhiachan dhan chinne-daonna airson mar a dh'adhbhraich i gun tug i air fear eugadh ro àm ach a' faighinn toileachas mu dheireadh thall à bhith beò agus sunndach. Bha a h-àite agus a biadh aice an-asgaidh agus blàthachadh math pàighidh airson a saothrach.

Agus le nach do thill i dhan bhùth an ceann na bliadhna, shaoil Traverne gun dh'obraich cùisean an Ameireagaidh math gu leòr. Ach dhaibhsan aig an robh eòlas air, chithist e, a dh'aindeoin sin, a h-uile mìos a' gabhail a shlighe dhan bhanca faisg air a dhachaigh gus an cuireadh e an t-acadal àbhaisteach thuicese gun fhios nach robh dìth oirre, agus na bliadhnachan air gabhail romhpa. Cha robh e airson a dìochuimhn-eachadh, agus le a chuid fhèin a phàigheadh chiallaich e gun do shàsaich sin a chogais gu ìre air choreigin. Chiallaich e cuideachd gun d' fhuair ise air airgead math a chur air a cùl agus nach biodh dìth oirre nam b' e agus gun aithnicheadh na Westbrookes cò a bh' aca, agus gum feumadh i falbh ann an cabhaig.

Nuair a thàinig an t-àm san do dh'fhàs Elsa tinn agus a chaidh a toirt dhan ospadal, b' ann a thàinig e a-steach air Ema nach b' e siud baile a mhaireadh, agus nach robh rian nach deigheadh iarraidh oirre an t-àite fhàgail gus am faigheadh iad air an taigh beag a chur a-mach air mhàl air ais. B' ann an oidhche a bhàsaich Elsa san ospadal agus i fhèin agus Claudia air a bhith timcheall oirre fad an latha a rinn i an-àird' a h-inntinn gu dè a dhèanadh i.

Thàinig George air ais sa bhad, agus chaidh a h-uile dad mar bu chòir. Adhlacadh beag, dìreach an triùir aca fhèin, triùir bhon obair aigesan agus ceathrar bhon bhuidheann leabhraichean a bhiodh a' coinneachadh san taigh mhòr an ceann gach greis airson bruidhinn air càil sam bith a leugh iad bho bha iad ann mu dheireadh.

B' ann dà sheachdain às dèidh sin, agus George aig an taigh, a ghnog Ema air doras nam Westbrookes. An còmhnaidh dheigheadh fios a chur nam bithist ga h-iarraidh, ach a-mhàin gun robh i a-staigh a' glanadh an taigh' uair san t-seachdain.

Well, càit an tòisicheadh i?

'Tha fios agam,' ars ise, 'gum bi an t-àm ann dhòmhsa gluasad air falbh, gum bi sibhse ag iarraidh an taighe, agus co-dhiù nach eil obair gu leòr ann dhomh a-nis. Shaoil mi nach robh e furasta dhuib' fhèin seo a ràdh. Tha sinn air a bhith còmhla cho fada, agus air càirdeas a thogail. Ach tha aon rud nam bheatha-sa mu nach robh mi fìrinneach. Cha robh mi riamh air a' mhisean. 'S ann a bha mi sa phrìosan, cha mhòr gus an do dhubh m' fhiaclan. Gu dearbha dhubh m' inntinn, ach thog sibhse i air ais san àite bhòidheach seo. Dh'inns mi a' bhreug cuideachd mun chloich an latha a thàini' mi.'

Cha tàinig aon lideadh bho George no Claudia, agus bha Ema mar gum biodh glas-ghuib air a thighinn oirre fhèin agus a teanga a' diùltadh dealachadh ri mullach a beòil. Choimhead i dhan làr.

''S mise Ema Gillespie, bean MG. 'S mise a mharbh e. 'S e an fhìrinn a bh' aig muinntir an tac eile, ged nach eil fada bho thàinig iad. Bha rudan air a dhol ceàrr, eadar a h-uile dad a bha a' gabhail àit' aig an àm. Ann an àirde na corraich chuir mi sgian ann, agus sin e. Sin e ... sin e. An aon rud a dh'iarrainn, gun deigheadh mise a shìneadh ri taobh Murdo nuair a thig m' àm fhìn. An dèanadh sibh sin dhomh? An dùil an dèanadh cuideigin sin dhomh? Saoilidh mi gur fhiach mi sin. Fois dham anam.'

Cha robh càil tuilleadh ann a ghabhadh a ràdh. Aon smid. Iadsan a chleachd a bhith cho faisg – cha do bhean duin' aca dhi. Cha deach làmh mu ghuaillean, no am broinn làimhe. Dìreach grìs mar luaidhe ag iathadh an taighe.

'Chan eil an còrr agam a chanas mi,' ars ise. 'Falbhaidh mi a-nis; thubhairt mi na bh' agam ri ràdh.'

Choisich i slaodach suas chun an taigh bhig, mar neach ann an ciom-tàisean.

Sheas i san dearbh spot, nam biodh fhios aic' air, san robh i na seasamh latha an uabhais mhòir, agus leig i èighe a bhiodh air na creagan a sgoltadh – seadh, nam biodh an leithid mun cuairt.

Cha robh fios aig na Westbrookes gu dè theireadh iad no dhèanadh iad. Thòisich iad, mar a bhitheas daoine, a' coimhead air ais. A' bruidhinn air mar a cheangail i steach dhan bheath' aca agus cho fritheilteach 's a bha i air Elsa fad a làithean. Cho onarach 's a bha i na giùlain, agus gur h-iongantach gum biodh iad air a gabhail nam biodh fios air a bhith aca air a h-eachdraidh. Cha do leig i oirre a-riamh ri Claudia no ri George càil a bha iad air innse dhi ann an dìomhaireachd mun duin' eile. Ach cha robh fios aig an dàrna duine gu dè bha eadar i agus an duin' eile. An dùil an tilleadh i, agus gu sadadh i orra sgeul-rùin a chèile a bha dùil aca a bha dìomhair?

Agus aig a' cheart àm thòisich athadh a' togail cinn. Ma rinn i gnìomh uabhasach aon uair, cha robh fios nach fhaodadh i a dhèanamh a-rithist, ged nach do mhothaich iad dhi riamh le droch nàdar. Bha an comas aice agus cha robh càil a dh'fhios. Nam biodh ri seasamh aice airson dad sam bith, an rud nach robh a-riamh, cha bhiodh do shaors' agad dè an gnìomh a choileanadh i. Nan cluinneadh tu fuaim tron oidhche dh'fhaodadh gur ise bhiodh ann.

Thàinig iad gu aonta. Leigeadh iad beannachd le na raointean gorma, na craobhan beaga agus an taigh eireachdail. Sin a b' fhasa. Lùigeadh iad a bhith coibhneil ach nuair a thigeadh e gu aon 's gu dhà bhiodh na teagamhan 's na feagail gan aomadh.

'S e Claudia fhèin a chaidh suas chun an taigh' bhig a dh'innse gun robh iad a' dol a chur nan taighean ri aghaidh reic, agus gun robh George a' dol a ghabhail saor-làithean gus am biodh gach nì air a phasgadh seachad. Gun robh iad taingeil airson mar a thachair i riutha thar nam bliadhnachan, agus gun robh iad an dòchas gum faigheadh i air adhart. Thug i dhi cèis dhùinte le a pàigheadh, agus bha iad air pasgan airgid eile a chur na chois gus nach biodh an cogaisean gan dìteadh rè uairean fada na h-oidhche nach do rinn iad gu leòr.

'Tha mi a' tuigsinn,' thuirt Ema. 'Thàinig e steach orm gur dòcha gun dèanadh sibh sin, gum b' e an dòigh a b' fhasa.'

'Bidh e cho math dhut gluasad a-mach deireadh na seachdain. Bhithinn toilichte nam b' urrainn dhut an taigh fhàgail sgiobalta. Dìreach mar a fhuair thu e.'

An ceann dà latha bha Ema air a h-uile dad a chruinneachadh. Le cridhe trom leig i beannachd le MG agus leis an tìr. Cha do mhothaich i gun robh George le prosbaig san taigh mhòr a' cumail sùil air a h-uile gluasad a dhèanadh i.

Smèid i riutha san dol-seachad, baga mòr anns gach làimh agus a rucsac air a druim. Cha tàinig duine seach duine dhiubh dhan doras a leigeil beannachd leatha.

# An Dosan

Bha an Dosan air a bheò-ghlacadh – ag èirigh tràth sna madainnean, a shamhradh 's a gheamhradh, a sgrìobhadh. Bha am managan an-àirde a cheart cho tràth, a h-uinlean air a' bhòrd, agus i na h-aodach tartain. Bhiodh e a' cur a' wireless air dhi gus an èisteadh i ri naidheachdan na maidne agus gum biodh i fiosraichte mun t-saoghal. Uaireannan mus tòisicheadh e a' sgrìobhadh, dheigheadh e car mun bhaile sa bhan agus ise na chois, mus tigeadh gluasad air na daoine agus mus leigeadh iad na coin a-mach. Dealbh no dhà leis a' chamara anns an leth-sholas. Gheibheadh e an uair sin uair a thìde de sgrìobhadh mus biodh aige ris a' bhùth fhosgladh agus dèanamh cinnteach gum biodh cùisean òrdaichte nan tigeadh duine a cheannach dad. Sa gheamhradh cha thadhladh mòran sam bith, cha robh srainnsearan a' gabhail an rathaid mar a bha as t-samhradh, ach bha òrdughan air an eadar-lìon a' cumail ris airson nan dealbhan.

Cha robh na bha sin ag iarraidh dhreasaichean, ach sa gheamhradh bhiodh corra sgiorta chlò, no nam biodh neach ag iarraidh aodach às annas airson a dhol gu tachartas ann an Steòrnabhagh no air tìr-mòr, thigeadh iad thuige. Cha robh duine às a dhèidh airson feur a chumail sgiobalta no craobhan a bhearradh.

Nam biodh cus aige ri dhèanamh bhiodh e a' fàs frionasach agus uaireannan righinn – a' glaodhaich ris a' mhanagan gur ise a bu choireach, agus an uair sin air iathadh le nàire agus aithreachas gun robh e a' cleachdadh droch cainnt agus mì-mhodh ri tè a bha cho uasal na giùlain.

Thòisich e ga samhlachadh ri Ema, a bha mòr-fhulangach agus nach robh idir deas-bhriathrach. Cha b' e gun dèanadh Maini cron air duine, agus cha do ghearain i aon uair mun opairèisean. Agus a' smaoineachadh air Ema, cha robh fios aige dè an taobh a ghabhadh i a-nis, ach chuir i truas gu leòr air a' fàgail a dachaigh 's gun duin' aice a bheireadh cofhurt dhi. Cha mhòr nach deach e a bhruidhinn ris a' mhinistear mu deidhinn, mura bitheadh gun tuirt Maini gun e sin a dhèanamh co-dhiù, gun robh gu leòr aig a' mhinistear ri dhèanamh a' toirt comhairle air na daoine a dh'aithnicheadh e, gun luaidh air daoine nach fhaca e a-riamh agus nach fhaiceadh e a-chaoidh.

Agus Gordon – well, bhiodh e air feum a dhèanamh dha Gordon nam biodh e air speileag fhaighinn ann an trainnsichean a' chogaidh mar a fhuair an Solas: 's dòcha gum biodh sin air a dhèanamh na bu mhothachail agus na bu shuidhichte, an àit' a bhith a' falbh an siud 's an seo eadar Steòrnabhagh is Sasainn a' dèanamh locums ghoirid gus nach cuireadh e cus aithne orrasan a bhiodh a' tighinn thuige airson cobhair, dad ach gràinneanan a shadail thuca, an dòchas mus tilleadh iad a-rithist gum biodh esan air togail air a dh'àit' eile.

B' ann air fear de làithean na moch-eirigh an ciaradh an fheasgair a b' fheudar fios èiginneach a chur air a dhotair fhèin, air a' phoileas agus air a' mhinistear. Chaidh mothachadh gun robh an Dosan air sreap suas post teileagraif, sgarfa de thartan nam Bochanach na dhòrn agus e ga smèideadh, agus gun robh e an sin a' siamaich casa-gobhlagain agus ag èigheach nach robh Maini air duine sam bith a mhurt, nach robh e na gnè, agus gu dearbha nach deigheadh i dhan phrìosan, gur e fìor mhì-cheartas a bhiodh ann. 'Cuiribh mise dhan phrìosan ged nach do rinn mi càil, cha deach mise faisg air an dòlas geamair ud, innsidh Trish sin dhuibh ma bhuadraigeas sibh faighneachd dhi. Tha mis' a' dol a shealltainn air Trish – a-null thar nan eileanan, dh'Ameireagaidh gun tèid mi!'

Chùm an Dosan air mar sin gus mu dheireadh gun do chruinnich gròileagan de mhuinntir a' bhaile timcheall.

'S e an dotair a fhuair air an Dosan a chiùineachadh beagan. Cha do thachair sin ann an aithghearr. 'S e an rud a bu mhotha a chaidh aice air a dhèanamh gun tug i air sgur a dh'èigheachd, agus gun do mhol i dhan phoileas gun e a bheul fhosgladh mus cuireadh an t-èideadh aige cùisean buileach às an ciall. Bha am ministear a' lorg facal sa Bhìoball a bhiodh freagarrach, ach cha tigeadh gin thuige dìreach sa mhòmaid.

B' e Mòrag an t-Solais a dh'amais air dòigh airson feuchainn ri fhaighinn a-nuas agus nàbaidh shuas an rathad air fios a leigeil thuice mun ùpraid.

Sheas i aig bonn a' phuist-teilegraif, ach 's ann a thòisich an èigheachd a-rithist.

'Bainn' a' chruidh aig Mòrag dhuibh, is mis' air uisg' an lònain … ' agus an sgarfa a-nis ga smèideadh le boil gus mu dheireadh gun do thuit i às a làmhan sìos dhan fheur aig casan an dotair.

Ghabh Mòrag air a socair a-steach a thaigh an Dosain agus thug i a-mach sèithear. Ghabh i an uair sin a-steach air ais agus thug i am managan a-mach na glaic. Chuir i am managan na suidhe air an t-sèithear agus cha deach dad a ràdh. Dad, ach gun tuirt Mòrag, 'Bu chaomh leatha gun cromadh tu, 's ise as eòlaich ort a tha seo. Tha fhios agad gu bheil bonn fìrinn aice an-còmhnaidh.'

B' ann nuair a sgaoil na bh' air a thighinn de dhaoine, agus a chaidh am poileas 's an dotair a bhroinn an taighe agus a thill am ministear dhachaigh airson faochadh agus an dòchas fuasgladh a thoirt, a chrom an Dosan air a shocair, critheanach agus le beagan tàmailt gun leig e e fhèin ris cho mòr.

'Dè an t-ainm a th' ort?' ars am poileas mar nach biodh fhios aige, 's e air a thighinn a-steach an taigh cuideachd.

'Iain Beag Chùl nan Cnoc,' fhreagair an Dosan.

'D' ainm baiste a tha mi ag iarraidh, a bhalaich. D' ainm baiste.'

'John Small, a-rèist.'

'Tha fios a'm nach e sin t' ainm. Nach e Dòmhnall a th' ort?'

'Ma tha fios agad gur e Dòmhnall a th' orm, carson a tha thu a' faighneachd? Faodaidh duine ainm sam bith a thogras e fhèin a ghabhail. Seo dhut. Na bi cho smart.'

Agus nuair a thug am poileas a-mach a leabhar beag airson nòtaichean a ghabhail, cha b' e sin a b' fheàrr.

'Na gabh ort càil a sgrìobhadh mum dheidhinn-sa,' ars an Dosan. 'Càil sam bith a thèid a sgrìobhadh mum dheidhinn-sa, sgrìobhaidh mi fhìn e. 'S math as aithne dhòmhsa sgrìobhadh, agus gheibh sibh sin a-mach latheigin. Gheibh sibh a-mach an latha sin gur e Iain Chùl nan Cnoc fear dhe na h-ainmeannan a th' ormsa. Nach eil sin ceart, a Mhaini? Nach eil?'

'Chan eil,' thuirt Mòrag an t-Solais, agus i air aithneachadh dè bha dol. Thàinig e thuice na dheàlradh.

'Tha Maini air a ràdh riumsa nach e sin t' ainm idir, agus gur còir dhut t' ainm àbhaisteach a thoirt seachad.'

'Ma-thà, cha chuala mi i,' ars esan.

'Chuala mis' i, 's ann a thuirt i ann an sanais e,' arsa Mòrag.

'Chan aithne dhi bruidhinn ach riumsa, cha bhi i a' bruidhinn ri duine ach riumsa. Tha uèrichean anns a' cheann agamsa ris am bi i a' bruidhinn. Cha tuig an duine nàdarrach e.'

Bha e follaiseach gun robh an Dosan deònach agus comasach ceann a' mhaide a chumail riutha gu lèir. Bha a fhreagairt fhèin aige dhan a h-uile rud, cam 's gum bitheadh e.

Ach 's ann nuair a mhothaich an dotair dha na pilichean air a' bhòrd agus a dh'fhaighnich i gu dè a bh' annta a dh'aidich an Dosan gun robh e air a bhith riutha airson deagh ghreis, gur ise bu choireach bhon nach tugadh i dha pilichean a chùbhradh e. 'Tà,' ars ise, 'chan eil dad a' tigh' riut, tha Mòrag agad agus Maini, taigh agus gnìomhachasan. 'S ann a tha na gràinneanan sin dualtach cron a dhèanamh. Sguir dhiubh!' Ach 's ann a bha Dòmhnall Seumas Iain, eadhon na dhoilgheas, air mothachadh gun robh an dotair air a h-àite fhèin a thoirt dhan Mhaini bhòidheach, dìreach mar a bha Mòrag na bu tràithe. Bha na uèrichean aca ag obair, smaoinich e, a-nis triùir aige a bha ga thuigsinn gu ìre air choreigin.

\* \* \*

Bha am poileas airson a dhreuchd fhèin a choileanadh, agus chuir e casaid an aghaidh an Dosain airson a bhith a' briseadh na sìthe agus a' cur dhaoine fo fhiamh 's fo eagal. 'S nuair a thàinig latha a' bhreitheanais dh'aithnich an siorraidh gur e ceas às annas a bha seo agus dh'iarr e gun deigheadh sgrùdadh a dhèanamh le dotair agus neach-sòisealta mus b' urrainn dhàsan inntinn a dhèanamh an-àirde gu dè a' bhinn a bheireadh e a-mach.

*  *  *

Cha robh an Dosan a-riamh a' faireachdainn cho sunndach 's a bha e an dèidh dhan tachartas sin a thighinn gu ceann. Bha e mar gum biodh e air fuasgladh fhaighinn, an eanchainn aige air glanadh mar gum b' e inntinn naoidhein, no am fearann às dèidh dòrtadh. Chuir e roimhe gun robh e a' dol a leigeil dheth cuid dhe na rudan ris an robh e a' strì gus an crìochnaicheadh e an leabhar, ge b' e gu dè a dhèanadh e leis aon uair 's gum biodh e deiseil. Bha e a' faireachdainn gur dòcha nach bitheadh a-chaoidh, nach b' urrainn dha dealachadh ris agus gur iongantach mura gleidheadh e ann an drathair e airson a bhith a' tilleadh thuige uair seach uair.

Agus air an latha mhòr bha e soilleir dhan t-siorraidh bho na briathran a chaidh a sgrìobhadh airson an cur mu choinneamh gur e duine cruthachail a bha san Dosan eadar sgrìobhadh, togail dhealbhan agus a bhith a' fuaigheal. Chan e gun robh sin a' toirt dha cead a bhith a' cur feagal air na daoine, thuirt an siorraidh.

Mar sin, dh'iarr e gu feumaist sùil a chumail air an Dosan fad bliadhna sa chiad dol-a-mach, le neach sòisealachd a dh'obraicheadh gu dlùth leis an dotair, feuch an deigheadh an dà chuid ceannsail a chumail air agus gu faigheadh e leigheas freagarrach dha inntinn nam bithist an dùil bho àm gu àm gun robh a leithid sin a dhìth.

## An Lònan Dubh

'Tha pìosan fhathast agam, a Thrish, ri innse dhut mu mo thuras dhachaigh. Smaoinich mi nach innsinn idir dhut, no do dhuine sam bith. Tha e aig amannan nas fheàrr a bhith a' cumail chùisean agad fhèin. An triop ud a chaidh mo thoirt dhan ospadal, 'eil fhios agad? An triop a chaidh mi shealltainn air Anna? Tha e air a bhith duilich dhomh a faighinn às mo chuimhne – i cho beag 's cho crùbach air a dhol. Cuimhne na croich. Tha mi air a bhith a' smaoineachadh ach an dùil cò ris a bhiodh cùisean air a bhith coltach nam biodh ar crannchur air ciallachadh gun robh sinn air fuireach còmhla. 'S dòcha air a dhol a Ghlaschu agus taigh ceart fhaighinn. Cha robh an taigh acasan ach mar an taigh againn fhìn, mar a bha a h-uile taigh eile. Bhiodh e air còrdadh rithe faighinn air falbh. Bha grunnan dhaoine a' feuchainn air Glaschu an uair ud. Ach chan fhaigheadh tu beatha ùr an sin ann: bhathas a' dùileachadh dhut a bhith a' tighinn dhachaigh an ceann gach greis agus a' toirt cunntas air do stiùbhartachd a shamhradh 's a gheamhradh.

'Co-dhiù, an latha ud a bha mi aig Anna Peigi bha an nighean bheag bhòidheach sin mu dheich bliadhna a dh'aois a' ruith a-mach 's a-steach. Cha tug mise cus aire dhi. Ha, mar a tha fios agad, cha robh mi riamh cho math ri sin le clann! Obair bhoireannach a bha sin, gu h-àraid a' chlann-nighean. Mu dheireadh thuirt Annag rithe, "Trobhad a-nis agus inns dhan duine seo sa Ghàidhlig dè an t-ainm a th' ort."

'"Seo agad an t-ogha agam," thuirt Anna le moit. "Tha i aig an taigh à Glaschu airson cola-deug, agus a h-athair 's a màthair air falbh an-diugh fhèin air saor-làithean dhan Phòlainn. Lùigeadh iad gum biodh Gàidhlig aice, ged nach eil i aig a h-athair ach mu làimh. Tha e glè mhòr air taobh na Gàidhlig; bidh e ag ràdh gu bheil e a' faireachdainn ceangal air leth rithe. Och, well, gheibh an tè bheag Gàidhlig gu leòr an seo. Tha iad garbh chun na Gàidhlig an-diugh, ged nach e fèar an aon seòrsa Gàidhlig 's a bh' againne a th' ann. Saoilidh mi gu bheil a' Ghàidhlig air a dhol piollach. "Seas a-nis, a ghràidh, agus inns dha, dìreach mar a dh'ionnsaich mi dhut. Tha ainm a dà sheanmhar oirre. Siuthad a-nis."

'Bha 'n tè bheag mì-chinnteach agus i gam choimhead fo na mùdan. 'Siuthad a-nis,' ars Anna. 'Seas mu choinneamh agus inns dha.'

'Sheas an tè bheag mum choinneamh, 's i a' coimhead suas a mhullach an taighe.

"'S e an t-ainm a th' ormsa," ars an tè bheag, agus i a' coimhead caran diùid, "Annie Ivy Small."

"'Nach do rinn i math a-nis?" ars Anna.

"'Can a-rithist e," arsa mise. 'Can a-rithist e. Cha do rug mi ceart air. Can a-rithist e. Beagan cabhaig nam ghuth.

"'S e an t-ainm a th' ormsa Annie Ivy Small."

"'Rinn." chaidh agam air a ràdh. 'Rinn i math, nach i a rinn!' Chuir mi mo làmh nam phòcaid agus thug mi dhi bonn. "'Siud," arsa mise, "airson cho math 's a rinn thu."

"'Agus,' ars Annag, 'gabhaidh tu a-nis an t-amhran."

'Agus sheas Annie Ivy an sin agus ghabh i, "Tha mis' air uisg' an lònain duibh, tha mis' air uisg' an lònain," cho bòidheach ri uiseag.

'Agus rinn i às na ruith a-mach air an doras a chluich dhan leas. Cha robh e a' còrdadh rithe idir nuair a bhiodh a seanmhair a' toirt oirre siud a dhèanamh.

"'S e a màthair a dh'ionnsaich siud dhi," ars ise. "Bidh Gordon a h-athair ag ràdh gu bheil fiar chuimhn' aig air an fhonn ud bho bha e beag bìodach, ach cha robh e air tuigse gum buineadh an t-amhran dhan cheàrnaidh seo dhen t-saoghal. Bhiodh athair fhèin ga ghabhail dha fhèin 's dha phiuthar, dìreach mar fhonn. Ameireaganach a th' ann dheth. Chaidh a thogail ann a 'home'."

'Well, tuigidh tu fhèin mo shuidheachadh, a Thrish. Falbh agus tighinn an t-saoghail. Bha mi nam èiginn, cha robh mi cinnteach an creidinn e. A' smaoineachadh air ais, bidh mi a' toirt a chreidsinn orm fhìn nach do ghabh e àite idir. Ach tha mi mar sin le corra rud a thachair nam bheatha. Dìreach corra rud.

''S ann goirid às dèidh sin a thug mi mo chasan leam agus sannt dìobhairt air mo chuartachadh. Mì-chàil ag iathadh mo cholainn. Airson a' chiad uair a-riamh, dh'fhairich mi falamhachd, gun tàinig fiosrachadh thugam gun fhaighneachd, agus nach robh iarrtas agam dad a dhèanamh mu dheidhinn. Bha a' bheàrn a bha mi fhìn air adhbhrachadh air fàs ro fharsaing agus cha ghabhadh a leum. Cò riamh a smaoinich gun tachradh a leithid siud de thaibhsichean rium, beò le anail mum choinneamh? Cha dèanadh gaoth bho dhuilleagan a' Bhìobaill naoimh an sgaoileadh no gealltanas a thoirt dhomh nach nochdadh iad an àit' eile. Mo lèireadh.'

*　*　*

Bha an Dotair Gordon Small air fìor iongantas a ghabhail coinneachadh ri athair ann an ospadal Steòrnabhaigh. Cha robh e air aon dad fhaighneachd dha mu dè a bha e a' dèanamh sa phàirt ud dhen t-saoghal. Smaoinich e gun cuireadh e gu cùl inntinn e, an rud a rinn, ach tha a' chuimhne cho leanmhainneach, thig i ort gun fhiost nuair as lugha a shaoileas tu; smaoinich e nach ainmicheadh e idir dha Cathie Flora e, gus nach milleadh e na saor-làithean a bha gu bhith aca a' chiad uair a bha iad gu bhith gu tur còmhla bho rugadh Annie Ivy.

Ach bha e air innse dha Cathie Flora mu Ema – 's e sin gun robh a leithid ann agus nach robh fios aige càit air an t-saoghal an robh i. Cha do dh'innis e idir gum faca e ainm tè Ema Gillespie sa phàipear, oir bu dòcha

nach b' i a bh' ann idir, agus nam b' i cha robh e airson
teagamhan a dhùsgadh ann an inntinn Cathie Flora gum
biodh tè cho faisg dha air gnìomh cho eagalach a thoirt gu
buil. Gum faodadh e bhith san fhuil. Mar sin smaoinich
e nach dèanadh e an còrr a shireadh air a phiuthar gun
fhios gu dè thigeadh ris ann an solas an latha.

Bha an rud a bh' air a thighinn eatarra cho beag ri
neoni, chanadh tu. Ach cha b' ann aig càch a bha sin
ri mheasadh.

An turas mu dheireadh a sgrìobh e thuice dhan
dachaigh chrìosdail, b' e sin a chur a' chlach-mhullach
air a h-uile rud a bh' ann. Thuirt e rithe nach leigeadh
i leas a bhith a' dùileachadh gum biodh esan a' cumail
suas rithe no a' cur thuice rud beag airgid an-dràst'
's a-rithist a bhiodh aice a bharrachd air an rud a bha
an athair a' cur. 'Co-dhiù, chan eil thu fiù a' cur fios
thugam a bheil thu ga fhaighinn. Thuirt e cuideachd
gun robh e air faighinn a-mach gur ise a dh'inns gun
robh esan air fear dhe na bhris a-steach an doras a bha
eadar an dà earrann dhen 'dachaigh'. 'Tha fios agam
gur tu a bh' ann, bhon cha tuirt mise lideadh ri duine
riamh ach riut fhèin. Well, Ema, cha b' ann a' dol a
dhèanamh càil air duine a bha mise, 's ann a bha mi an
dùil gu ruithinn fhìn 's tu fhèin air falbh a-mach às an
àite ghrod ud dhan deach ar cur. Chan eil fhios càit an
deigheadh sinn no gu dè a dh'èireadh dhuinn, cha robh
mi idir air smaoineachadh. 'S e mo mhac-meanmna a
mhol dhomh e, gum biodh deireadh ar sgeòil a' tighinn
gu chèile ann an seòrsa de nèamh teaghlaich, àite
a dh'fhoghlam mi bhon uair sin nach eil ann air an
talamh seo co-dhiù.'

Cha mhòr nach robh na facail aice air a teanga
agus bhiodh i gan gabhail dhi fhèin corr' uair gus an
cumadh iad ùrachadh dhi air an doilgheas a dh'fhairich

i. Cha leigeadh i gu làr iad na bu mhotha na leigeadh i smuaintean sam bith co-cheangailte ri diùlt no brath, air cho fada 's gum biodh na bliadhnachan air a dhol seachad. Bha i na h-aonar.

An latha ud a dh'fhàg i na Westbrookes, ged a smèid i agus a chùm i a ceann an-àirde agus a leig i beannachd na h-intinn le MG agus leis an isean bheag bhòidheach a bhiodh a' ceilearadh tràth sna madainnean sa phreasa ghorm fo shòla na h-uinneig, cha robh fios aice càit an deigheadh i no gu dè a dhèanadh i. Dìreach aghaidh a' bhuinn a chur air a' bhathais agus cumail a' dol.

Nuair a ràinig i Lunnainn aon uair eile ghabh i cuid na h-oidhche ann an taigh-òsta beag nach robh buileach fada bhon bhùth sna chleachd i bhith ag obair uaireigin. Sin a bha math mu Lunnainn: chan fhaighnicheadh duine ceist. Cha ghabhadh duine gnothaich riut.

An ath mhadainn, mar gum b' ann am bruadar, siud i a-steach doras na bùtha, na stuthan mar a chleachd air na bùird agus air na sgeilpichean agus boireannaich a' seòrsaigeadh agus a' fiannachd. Na lampaichean a' boillsgeadh air an taobh shuas, agus chitheadh i gun robh iad cuideachd air cungaidhean a thoirt a-steach a bha a' lìonadh an àite le àile mhaiseach chùbhraidh. Agus bha soidhne an-àirde ag inns gun robh cafaidh shuas an staidhre.

Gus am faigheadh i air sùil cheart a thoirt mun cuairt gun duine cus aire a thoirt dhi, choisich i air a socair suas tro na stuthan, a h-ad, nach biodh oirre ach nam biodh i a' dol dhan eaglais, air a tarraing sìos cho fada 's a dheigheadh aic' air. Cha robh e buileach fada gus an do ghlac i sùil Daisy, nach robh idir mar gum b' ann ag obair sa bhùth, ach mar gum biodh i a' cumail sùil air càch agus a' toirt fa-near an seòrsa neach a bha a' gluasad timcheall. Leth-ghàire ri chèile.

'Erica?'

'Daisy?'

Às dèidh facal no dhà, chithist an dithis aca a' coiseachd còmhla a-mach às a' bhùth, ceum socair aca gus an do ràinig iad a' phàirc far an do shuidh i fhèin agus Traverne grunn bhliadhnachan air ais, agus far an do rinn i an-àirde a h-inntinn ann am priobadh na sùla an cothrom a ghabhail a dhol car tamaill air ais a Staten.

Sin far an d' fhuair i a-mach, na suidhe aon uair eile fon dearbh chraoibh, gun robh Traverne air bàsachadh bho chionn bliadhna – dìreach, smaoinich i, san àm san do sguir an t-airgead a' tighinn gach mìos dhan bhanca.

'Agus,' arsa Daisy, 'tha Mrs Traverne a' cumail nam bùithtean a' dol. Chuir i steach manaidsearan aig àrd-ìre dha na bùithtean aice fhèin.'

'Aice fhèin?'

'Tha ceithir dhiubh aicese. Dh'fhàg e bùth an duine againne. Agamsa agus agadsa. Seach gun robh sinn earbsach agus dìleas dha, tha e coltach.' Choimhead iad ri chèile, sùilean tuigseach, ach cha tubhairt iad smid. Gluasad beag air lipean agus moilean gach tè. ''S ann leamsa a tha *Pick and Choose*, agus leatsa a tha *Fine Fabrics*.'

'Cha robh dad a dh'fhios aig duine againn, no aig Mrs Traverne a bharrachd, càit an lorgaist thu. Dìreach an dòchas gu nochdadh tu uaireigin, nach robh am bàs air grèim fhaighinn ort fhathast! Tha mise air a bhith a' coimhead às dèidh *Fine Fabrics* air do shon – dh'iarr ise orm sin a dhèanamh. Tha na bùithtean gu lèir a' dèanamh math. Fìor acadal. Tha sinn na chomain.'

'Tha.'

Cha robh fios aig Ema gu dè an taobh a bha an-àirde dhi, ach am broinn car a' mhuiltein na h-inntinn thuig i gun robh freastal air obrachadh dha taobh, agus nam b' e tè ùrnaigh a bhiodh innte, bhiodh i air a dhol air a dà ghlùin le taingealachd, air èigheach chun nan ceithir àirdibh, fiù air fonn a thogail nam b' urrainn dhi, mar a chual' i ann an eaglais Steòrnabhaigh an aon uair a thadhail i ann. Ach b' e am fonn a thog i fo a h-anail dhi fhèin agus i a-nis air gluasad grunnan cheumannan air falbh, 'Mòrag's Song', ann an suidheachadh glè eadar-dhealaichte bhon turas a ghabh i mu dheireadh e.

## An Dosan

An latha a bha seo dh'fhosgail doras na bùtha agus an Dosan dìreach air a bhith ga sgioblachadh. Thàinig fear a-steach, duine mu thrì fichead bliadhna agus boireannach òg mu leth sin. Bha e furasta aithneachadh cho luath 's a dh'fhosgail an duine a bheul gur e Ameireaganach a bh' ann. Cha tuirt Dòmhnall Seumas Iain mòran ach an latha a mholadh dhaibh, agus le fruis bheag dhe ghàirdean am fàilteachadh a-steach.

Thabhaich e copan cofaidh orra, oir bha sin aige deiseil air an stand fad an latha. San fhacal no dhà a bha eatarra thòisich iad a' coimhead ri na sgarfaichean tartain agus ri na taidhs thartain cuideachd. A-null 's a-nall a' fiannachd air na dreasaichean agus air na seacaidean.

Shaoil leis gun robh an duine rudeigin cugallach air a chasan – letheach totharam, smaoinich e ach 's ann corr' uair, agus gu math dòigheil. Aighearach air choreigin agus beothail.

Thug e dhaibh copan eile. 'Tha mi ag aithneachadh gur e Ameireaganaich a th' annaibh,' ars esan ris an duine.

''S e sin a th' annam,' ars an duine air ais.

'Saor-làithean?'

'A-bhos a' lorg mo chàirdean,' ars an duine, 'nam biodh fhios agam cò a th' annta!' Fear beag reamhar, agus an tè òg gu math na b' àirde.

'Tha ùidh agam san obair thartain agad. B' fheàrr leam gun robh fios agam cò na daoine bhon tàinig mi gus am faighinn an tartan a bu dual dhomh. Thuirt cuideigin rium gun robh a h-uile duine an seo an càirdeas dha chèile uaireigin.'

'Well,' ars an Dosan sa ghuth-thàmh, 'tha mi a' creidsinn gun robh, agus ma bha, tha reumhag ann fhathast.'

Leig an duine lachan. 'Tha mi a' fiaradh chun an fhir seo – dè do bheachd fhèin? Tha am buidhe agus an dearg an lùib a chèile a' bruidhinn rium ann an dòigh air choreigin. Agus an gorm air dhreach na mara. Gabhaidh mi sgarfa agus taidh dhen fhear sin. Nach saoil thu? Agus bidh agam ri ràdh gun do cheannaich mi iad ann am bùth air tuath Leòdhais, ann an àit' iomallach aig ceann slighe. Sin agad a-nis! Gu dè an tartan a th' ann co-dhiù?'

'Fear nam Bochanach,' thuirt an Dosan. 'Tha am fear sin san dualchas agam fhìn.'

'Well, a bhalaich, buidhe mar sheòbhrach, dearg mar an caorann agus cho gorm ris an adhar ud shuas, no ri na sùilean aicese,' ars esan le gàire agus e a' coimhead a-null far an robh an tè àrd. Cha do leig ise dad oirre. Bha i eòlach gu leòr air agus seachd sgìth dheth cuideachd, smaoinich an Dosan.

'Agus dè am pàirt de dh'Ameireagaidh às a bheil sib' fhèin?'

'New York. An robh thu ann a-riamh?'

'Cha robh.'

'Tha thu a cheart cho math,' ars an duine le gàire.

Cha robh an tè àrd a' cantainn dùrd. Rudeigin gruamach.

Thug an t-Ameireaganach flasga bheag às a phòcaid agus chuir e steall dheth dhan chofaidh.

'Balgam?' ars esan ri Dòmhnall Seumas Iain.

'Ro thràth dhen latha, ach nam biodh tu air a thighinn air an fheasgar, well, 's e rud eile bhiodh an sin!'

'Nach biodh e èibhinn,' ars an duine, 'nam bithinn an càirdeas dhut – eadhon fad-às. 'Eil fhios agad – na h-aon daoine – dèidheil air a' bhalgam cuideachd – gu dè a th' ann coltach ris – sìos do shealghan – a' blàthachadh do chuislean.'

'Aithnichidh mise,' thuirt an Dosan agus an duine a' còrdadh ris, 'teaghlach à Ameireagaidh. Tha mi gu math faisg dhaibh nam inntinn. 'S dòcha gu bheil beachd agad fhèin orra. Chan fhaca mis' a-riamh iad, ach chan fheum thu daoine fhaicinn airson a bhith eòlach orra. Tha nighean ann agus tha i a' fuireach ann an Lunnainn. Nam faiceadh tu a' bhùth a th' aig an teo ud, ha! An taca ris an rud bheag bhochd a th' agamsa! Stuthan dhen a h-uile seòrsa. Beartas an dàrna duine. Sin mar a bhios an cearcall a' cur nan caran!'

'Thèid mise a shealltainn oirre dhan bhùth,' ars an duine, 'air mo shlighe air ais, agus air an teaghlach aice cuideachd ma bhios tu ag iarraidh – dad ann coltach ri bhith a' coinneachadh dhaoine às ùr. An e Bochanaich a th' annta! Tha mise cinnteach gum buin mi dhan tartan seo. Tha mi a' dol a thòiseachadh ag ràdh sin tuilleadh. Oir tha an tartan agam a-nis.'

'Ma thèid, thuirt an Dosan, 'feuch nach cuir thu ort an taidh sin, no idir an sgarfa. Cha chanainn gun còrdadh iad sin riutha. Tha iad neònach – strì agus mì-chàil agus caran fèineil. Ged a tha mise faisg dhaibh, chan eil mi cho keen a sin orra. Bidh mi a' feuchainn rin seachnadh, ach bidh iad a' cur an spuirean annam. Bidh iad ag innse dhomh gu dè a chanas mi agus bidh agam ri sin a sgrìobhadh. A sgrìobhadh, a bheil thu a' tuigsinn … a sgrìobhadh …?'

'A sgrìobhadh,' ars am fear beag reamhar agus blàthachadh math air a-nis, ''s tu tha gòrach. Cha mhòr gu sgrìobh mise dad ach m' ainm. Airson seic a dhèanamh a-mach, 's tha sin gu leòr. Cha do chùm e air ais a-riamh mi. Bidh cuideigin na mo chois mar as trice gus nach tèid mi air an t-seacharan – leughaidh ise sanasan a' phort-adhair, agus nam biodh bileag ri lìonadh no mar sin.'

'Seoba math,' ars an Dosan agus e a' feuchainn ri sùil na tè àirde a ghlacadh. Cha do leig i oirre gun cual' i e. 'S ann a bha i a' smaoineachadh air dòigh a bheireadh iad an casan leotha air falbh bhon neònachan duine seo.

'Ciamar a tha iad a' cur nan spuirean annad?'

'Tha tro uèirichean a' phuist telegraif. Nan èisteadh sibhse, 's dòcha gun cluinneadh sib' fhèin iad. Ach 's e a th' air tachairt an-diugh gu bheil daoine air stad a dh'èisteachd.'

'Tha, bhon tha iad a' dèanamh cus sgrìobhaidh! Agus tha sin a' dol gu cus leughaidh, a tha na sgìths dhan fheòil.'

Agus nuair a dh'fhalbh iad, am measg gàireachdainn, gloidhcearachd agus glòir, thug an Dosan sùil ach gu dè an t-ainm a bha ise air a chur ris an t-seic.

Sophie Brown.

*    *    *

An oidhche sin aig ceann a' bhùird, bha sgeulachd aig an Dosan ri innse.

'Cha chreid thu seo, a Mhaini, chan eil mi ga innse dha duine beò ach dhut fhèin. Siud mi mar a b' àbhaist sa bhùth an-diugh, agus cò a thàinig a-steach ach an dà Ameireaganach a bha seo. Fear agus tè. Rinn iad air tartan nam Bochanach agus cheannaich iad taidh agus sgarfa dheth. Cheannaich iad an uair sin fear dhe na dealbhan agam, am fear ud dhe na lochan 's na sgòthan agus a' mhòinteach mhòr. Tha fios agam gur e dubh is geal a th' ann, ach 's math a mhothaich mise gu dè bha iad a' dèanamh agus carson. Agus dh'aithnich mi iad cuideachd, ged as e ainmeannan eadar-dhealaichte a bha iad a' cleachdadh. Bha esan na bu reaimhre na bha mi ga iarraidh, agus na b' òige, agus ise gu math na b' àirde agus na b' fhaid'-às.

'Leig esan air nach sgrìobhadh e, agus chùm ise gu math sàmhach – tuigidh tu fhèin, a Mhaini, carson. Cha b' e gun robh mise a' dol a leigeil orm. Ach 's iad a bh' ann. E fhèin agus Trish. Cha robh dùil agam a-riamh gun coinnichinn riutha san fheòil. Ach siud mar a thachair.

'Esan, cha mhòr gu seasadh e air a chasan mu dheireadh, agus ise ga phutadh a-mach. Tha fhios agam nach robh e seang mar

Aonghas, no ise cho beò ri Trish mar a dh'aithnicheas mis' i, ach,' ars esan agus e a-nis a' bruidhinn ann an sanais, 'tha fios agad fhèin mar as urrainn dha cuid a dhaoine an cruth atharrachadh airson nochdadh ann an riochd dhaoin' eile. Fiù ann an riochd bheathaichean uaireannan. Tha mi cinnteach gun robh a' Ghàidhlig aca cuideachd, ach cha robh mis' airson mo làmh a shealltainn mus tugadh iad atharrachadh orm fhìn agus nach fhaighinn air ais gu mar a bha mi.

'Dh'ainmich mi an leabhar dha agus 's ann a thuirt e gun robh mòran leughaidh na sgìths dhan fheòil – na dearbh fhaclan, a Mhaini, a bhiodh athair fhèin a' cantainn ris-san nuair a bha e òg. A bheil cuimhn' agad nuair a leugh mi mach an earrainn sin dhut, far an robh e ag innse sin dha Trish? Ò, gu dearbha, 's ann agad a bhitheas!

'Agus, a Mhaini, tha mi a-nis deimhinnte gur esan, Aonghas Moireasdan, ann an riochd fear spaideil le deise dhorch agus glainneachan, a chunnaic a mhàthair bhochd fhèin na bliadhnachan ud air ais agus a chuir a leithid de dh'eagal oirre, nuair a b' fheudar dha athar am Bìoball a thoirt a-mach agus gaoth nan duilleagan a chur mu na sùilean aice trì uairean. Bha e comasach air a sin an uair sin, agus tha fhathast.

'Na seann sgeulachdan làn dhen draoidheachd sin. Ach sguir sinn a chreidsinn annta, agus ged a sguir, tha iad timcheall fhathast. Agus Sophie Brown? Gu dearbha, 's tu dh'fhaodadh faighneachd! Tè dhe na Browns an ath dhoras dha fad a bheath' air Staten agus e air a' bhuisneachd a chur oirrese cuideachd gus am biodh na seicichean aig Trish. Cùis thoinnte a tha seo, a Mhaini, ach cha do rinn e cron sam bith ormsa, agus chan eil mi a' dol ga thoirt nas fhaide na siud fhèin. Nach ann orm a chaidh an seun?'

\* \* \*

Cha deach dhan Dosan na bu mhiosa na 'n latha ud a chaill e smachd air a chuid aithne air fhèin air beulaibh an t-saoghail mhòir. Mhaoidh e aon uair 's gun robh cùisean air ciùineachadh nach fheumadh e a bhith a' leigeil a thaobh-staigh ris mar siud. Dìreach dhan Mhaini bhòidheach, agus fhàgail aig a sin. Bhiodh e fhathast a' dol a chèilidh air an t-Solas agus fàilt' agus furan roimhe. Bha e a' dèanamh sgioblachadh dhaibh mun taigh agus a' fàs na bu dlùithe air Mòrag. Cha robh athadh air duine roimhe air sgàth mar a thachair. Bha e math leis a' bhoin agus bha an cuilean air àit' a dhèanamh dha cuideachd. Cha robh e cho dèidheil air na cearcan, ach cha bhiodh e a' leigeil dad air mun sin.

Bha e a' tòiseachadh a' fàs caran sgìth de sheanchasan a' chogaidh, agus bha teagamhan air tòiseachadh na inntinn ach an robh iad fìor. Shaoil leis gun robh am bodach buailteach a bhith a' cur riutha, agus gur dòcha gun robh iad air a dhol dha mar sheanchas nach do ghabh àit' idir. Airson esan a thàladh, 's dòcha. Ach 's iad a b' fhasa na bhith ga chluinntinn air sloinntearachd, a-mach air ceangail, lotaichean agus sinnsireachd.

'Tha mise airson am managan fhaicinn,' ars am bodach feasgar geamhraidh. 'Tha Mòrag air a bhith ag innse dhomh mu deidhinn, cho maiseach 's a tha i na h-aodach, nach mòr nach canadh tu gu bheil còmhradh aice nan gabhadh sin a bhith.'

Rinn an Dosan snodha-gàire.

'Ha,' ars esan, 'saoilidh tu sin aig amannan.'

'S ann am feasgar às dèidh sin a thug an Dosan am managan sìos sa bhan, i sgeadaichte na h-aodach tartain Bochanach agus ad bhuidhe oirre. Thug e a-steach i na ghlaic.

'Seo tè air a thighinn a chèilidh oirbh,' ars esan.

Cha bu ghàireachdaich gu sin e! Chaidh a cur na suidhe air sèithear cruaidh, a h-uinlean air a' bhòrd agus a casan mu chèile. Dh'fhàg e oirre a bonaid. Cha robh fios aig an t-Solas dè bu chòir dha a ràdh. 'Well,' ars esan, 'abair sealladh! Cò a chanadh nach eil deò innte? Nach ise a tha sgeadaichte! 'S ann a bu chòir bàrdachd a dhèanamh dhi, nam biodh liut aig duine!'

Dh'fhàg e aig a sin e, oir smaoinich e gur e a b' fheàrr, mus saoileadh an Dosan gur ann a' magadh a bha e nan canadh e dad a-mach à àite.

Cha tug duine dhen triùir aca guth air an tachartas, no gun do landaig an Dosan sa chùirt. Bha sin seachad. Nan sùilean-san agus an sùilean na coimhearsnachd, cha do rinn e cron air duine, dìreach gum feumaist a bhith furachail, agus mothachail gur e bha seo duine annasach aig an robh àite fhèin sa bhaile bheag acasan. Bha an t-àit' a bha iad air a dhèanamh dha seasmhach.

Agus nuair a ghabhadh an Solas naidheachd an leabhair, dh'innseadh Dòmhnall Seumas Iain dha mu na Travernes agus na Westbrookes, agus bha am bodach a' gabhail ri na naidheachdan sin mar gur e seanchas bhuaithe fhèin a bh' ann. Bhruidhinn iad air Ema mar gur i nàbaidh bun na h-ursainn, agus air Gordon mar gum b' e an dotair a bha sa phractas shuas an rathad. Agus air sgàth sin bha an Dosan a' fàs saorsainneil nan co-chomann, agus a' faireachdainn gun gabhadh e air a bhith a' coimhead air adhart ri beatha a bhiodh na bu cheangailte riutha.

Agus nuair a thuirt am bodach gun còrdadh e ris-san pàigheadh air an leabhar fhoillseachadh, dh'fhairich an Dosan na b' fhaisge buileach dhaibh, ged a bha e caran lethoireach agus nach robh e idir cinnteach am biodh e ag iarraidh gum faiceadh am mòr-shluagh an sgrìobhadh aige. Dòigh eile air a bhith ga leigeil fhèin ris, ach co-dhiù, shaoil e gur e sin a b' fhasa aig a' cheann thall na bhith a' sreap post teileagraif. Eadar làr is àrd-doras, spèis ìosal, ach a' saoilsinn trealaich, deòir is toileachas a' ruith an glaic a chèile a rèir dè an cumadh a bheireadh e air gach latha.

'Tha fhios agad,' ars an Solas, 'ma nochdas an leabhar, nach e rud a tha dìomhair dhutsa a bhios ann às dèidh sin. Bidh tu air a thoirt seachad dhan mhòr-shluagh, agus bheir iad am beachd air. Cuid a bhios math agus cuid nach bi. Ach dhuinne, seach gur tusa a sgrìobh e, tha fhios againn gum bi e annasach. Gabhaidh sinne ri sin.'

Agus nuair a thàinig an t-àm dha Dòmhnall Seumas Iain a shlighe a dhèanamh air an dachaigh, thuirt am bodach nach leigeadh e leas gluasad à siud fhèin a-nochd, nach robh a' fòrcast ach doicheallach, gun robh a' Mhaini bhòidheach còmhla riutha, a' bhò san stàile, am measan coin air a dhòigh, Mòrag ag ullachadh suipeir, an saoghal aca rèidh, agus gu dè an còrr a bha a dhìth air mac an duine.

Chaidh an dàrna glainne a lìonadh.

## An Lònan Dubh

Nuair a fhuair Ema cùisean air dòigh le luchd-lagha, Daisy agus Mrs Traverne, 's ann a dh'aithnich i mar a bha a beatha air atharrachadh. Cha robh i ag iarraidh a bhith a' faighinn ro fhaisg air na daoine sin; bha rud innte a bha ag iarraidh a bhith a' siubhal na beatha air a ceann fhèin. 'S e an aon èis a bha i a' faireachdainn na spiorad nach robh sliochd aice, agus nach bitheadh. Bha i air a sùil a thogail ri sliochd bho Mhurdo sna làithean fad' air ais, ach cha do thachair sin. Cha robh duin' aice a ghabhadh ùidh innte, a thigeadh a thadhal 's a dh'fhosgladh a doras – b' e sin a cuibhreann – no a thigeadh às a dèidh airson a cuid saidhbhreis a mhealtainn. Chuir i roimhpe ge b' e dè a thigeadh mun cuairt gum biodh beatha aice far nach caomhnadh i cùisean saoghalta oirre fhèin, gum faigheadh i taigh math ann an Lunnainn agus gun cuireadh i mòran ùine seachad a' toirt *Fine Fabrics* air adhart.

Agus ged a bha i aonaranach ann an seagh, bhiodh i staigh sa bhùth a h-uile seachdain agus air a h-aithneachadh leis an luchd-obrach mar obhnair a bha air an taobh agus a' toirt àrdachadh dhaibh a rèir mar a dhèanadh a' bhùth de phrothaid.

Ach a dh'aindeoin 's na bh' aice, agus a-nis flat àlainn ann am Mayfair, cha deigheadh clach MC às a cuimhne, ni motha a dheigheadh na taighean, agus rinn i an-àirde a h-inntinn trèana a ghabhail air ais aon uair eile.

Agus nam faicist boireannach, cha bhiodh i an turas seo idir le rucsac air a druim, ach le baga leòmach leathair, còta daor clò agus giùlain cinnteach a' coiseachd gu doras an taigh' mhòir far nach leigeadh i leas dùil a bhith aice ri freagairt, cha bhiodh ann ach Erica Morag Anne Small Gillespie, agus cha b' ann ann an riochd na cailliche bochd.

Ghabh i roimhpe chun an taigh' bhig far an robh soidhne ag innse gun robh gach fear aca ri aghaidh reic. Bha na raointean cho tarraingeach 's a bha iad a-riamh agus iad a' dùsgadh innte bloighean cuimhne aig nach robh i ag iarraidh a bhith na tràill. Cogais, ars ise rithe fhèin, cùm ceannsail oirre.

Cha do dh'fhàg sin nach deach i chun na cloich. MG agus EG an siud fhathast, air a dhol dhi mar thachartas eanchainneil nach do ghabh àit' a-riamh. Beagan còinnich air fàs oirre. 'S dòcha gur e sin a bha air tachairt dha cuimhne cuideachd. Ach bha na slèibhtean gorma agus na preasan a' diùltadh dealachadh ris a' ghrèim a bh' ac' oirre bho chunnaic i an toiseach iad, agus a' sliùdadh a h-inntinn a-steach nan glaic. Chùm i cluais ri claisneachd ach an cluinneadh i ceilearadh an isein bhig, ach cha chluinneadh i dad ach fuaim nan uan a' mèilich air an ath thaca agus motair tractair fad-às.

Ghabh i nòta dhen àireamh fòn agus chuir i roimhpe gun deigheadh i co-dhiù a dh'fhaighneachd gu dè an seòrsa prìs a bhathas a' sireadh air gach taigh. Fhuair i mach gun robhas ag iarraidh an dà thaigh a reic mar aonan. Cha b' e sin a bha i an dòchas. Cha robh Ema ag iarraidh ach an taigh beag agus pìos talmhainn mu thimcheall a bheireadh a-steach a' chlach. Fhuair i steach a bhroinn gach taigh còmhla ri tè à oifis an fhir-lagha. Cha do leig i oirre gun robh aithne sam bith aice air gin dhe na dhà.

Bha e annasach gan coimhead fuar, falamh, ris a' ghaoith, ach gun a dhol idir à ìre aithnich. Shaoil leatha gum faodadh e a bhith uamhalta nam b' e 's gun tigeadh e fo theach gum biodh i ann leatha fhèin, gun a bhith a' coimhead ach soillse fad-às thaighean eile, eadhon ged a gheibheadh i càr agus gum faigheadh i cead dràibhidh. Cha cheannaicheadh airgead a h-uile seòrsa sòlais dhut idir.

Dh'fhàg i a h-ainm 's a seòladh aig a' bhean-lagha, gun fhios nach atharraicheadh an t-obhnair inntinn. Chaidh bliadhna seachad agus bha beatha shocair dhripeil aice, a' ceannach stuthan às ùr dhan bhùth, a' dol gu tachartasan opara agus gu taisbeanaidhean dhen a h-uile seòrsa. Thòisich i a' smaoineachadh gur e beannachd a bh' ann mar a thionndaidh a beatha a-mach eadhon ged a bha i air a fàgail leònte agus dorch na spiorad bho àm gu àm.

'S ann agus i aig taisbeanadh ann an Taigh-tasgaidh Bhreatainn airson sealladh fhaighinn airson a' chiad turas a-riamh air Fir-tàileisg Leòdhais, leatha fhèin mar a b' àbhaist, a thurchair an tè òg a bha seo a bhith staigh cuideachd air an aon adhbhar am measg an luchd-amhairc. Mar an còrr, bha iad air am beò-ghlacadh a' leughadh, ag ionnsachadh agus a' beachdachadh.

An tè òg? Cò, gu dearbha, ach Trish. Bha Trish air ealla a ghabhail rithe air sgàth agus cho spaideil 's a bha i, le còta meileabhaid uaine, brògan susbainteach leathair ruadha agus baga dhen aon seòrsa. Sgarfa gheal agus bonaid is miotagan dhen aon dath. Shaoil Trish gun robh i a' faicinn rudeigin innte ris an robh i a' dèanamh ceangal air choreigin. Chùm i fa comhair i gus mu dheireadh gun do bhuail e i.

Ema Small. Mo chreach. An dùil an i?

Cha deigheadh aice air dlùth-aire a thoirt dhan taisbeanadh ach siud, dìreach a' cumail a' bhoireannaich ann an oir a sùla fhad 's a bha i a' dèanamh an-àirde a h-inntinn am bu chòir dhi a dhol na còmhradh.

'Gabh mo leisgeul,' arsa Trish, 'tha mi a' smaoineachadh gu bheil mi gur h-aithneachadh. Ema Small?'

'U-hu.' Thòisich Ema a' teannachadh. An e cuideigin a bh' air a bhith sa phrìosan aig an aon àm rithe a bha seo? 'S iongantach gur h-e, no 's e Gillespie a bhiodh i air a ràdh.

'U-hu,' ars Ema a-rithist.

'Choinnich sinn an taigh ur h-athar ann an Staten Island bho chionn iomadh bliadhna. 'S e Trish an t-ainm a th' ormsa. 'S dòcha nach eil cuimhn' agaibh.'

'Gann gu bheil,' thuirt Ema. 'Chan eil mo chuimhne cho math ri sin. Tha cuimhn' agam air do ghuth ge-tà! Do ghuth Albannach. Steòrnabhagh, mas math mo chuimhne.' Cha robh i idir ag iarraidh seo. An dearbh sheòrsa rud a bha i airson a sheachnadh. Agus nam bu mhath a cuimhne, cha robh i air a bhith cho dèidheil air Trish am beagan a chunnaic i dhith, ged a bha an ceòl a bha na guth annasach agus tarraingeach dhi.

Cha deach i na coinneamh ann an dòigh sam bith. Bha Trish a' faireachdainn stadaich na guth fhèin, gun fhios aice gu dè an còrr a chanadh i rithe.

'O, well,' arsa Trish, 'tha mi toilicht' ur faicinn – an ann air chuairt ann an Lunnainn a tha sibh?'

'Chan ann. Tha mi a' fuireach an seo.'

'Tha mis' air mo shlighe dhachaigh a Steòrnabhagh, dìreach an seo airson seachdain air mo shlighe suas.'

'Turas math dhut, ma-thà. 'S e àite brèagha a tha sin.'

Agus leis a' chlobhdachd a bha eadar an dithis aca chaidh gach duine a-steach a rumannan eile, an cuimhneachain fhèin aca fa-leth. Dh'fhàg Trish aig a sin fhèin e – na Fir-tàileisg dìomhair agus nan tost am broinn nan cèidsichean glainne.

Dh'fhairich i cùrtair ga tharraing, geata ga dhùnadh. Nam b' e 's gun robh Ema air faighneachd mu h-athair, dh'fhaodadh Trish a bhith air innse dhi gun robh e an siud mar a chunnaic i, còrr air ceithir fichead 's a deich a-nis, fhathast an ìre mhath seang, ach an aois air laigh' air. Gun robh tè aige a bhiodh ga chuideachadh am broinn an taighe, agus e fhathast air aiseag Staten a-null 's a-nall nuair a b' urrainn dha. Nach robh e leis an sgarfa Bhochanach idir seach gun do chaill e an tè a bh' aige agus gun do shaoil e gun robh a' chaibideil sin dhe bheatha seachad, gun robh e air na ballachan a pheantadh geal agus na dealbhan a bha shuas an staidhre a thoirt a-nuas agus a chrochadh, ach fhathast am mullach mar a chunnaic i. Fhathast a' gabhail a lite a h-uile madainn leis an dà bhobhla agus a' sùghadh a chopain teatha às a' flat.

Bha Trish duilich gun deach i a bhruidhinn ri Ema. Bha i air a bhith an dòchas, san dòigh ud sam bi sinn uile an dòchas, gum biodh i na meadhan air i fhèin agus a h-athair a shlànachadh ged nach d' fhuair i mach a-riamh bhuaithe gu dè a ghabh àite eatarra. 'S e dìreach cho daingeann 's a bha e nach biodh i a' tilleadh. Ge b' e càit an robh i ag obair, cha b' ann sa mhisean, far an tubhairt i an latha ud. Bha dreach an t-saidhbhreis oirre, cha b' ann a-mhàin air a h-aodach ach air a giùlain. Ceum cinnteach, sùilean a h-athar, agus an aon chomas air astar a chur nam b' e sin a bhiodh i ag iarraidh. Agus bha a h-uile coltas gur h-e. Mar a' chiad latha air aiseag Staten le a h-athair bho chionn fhad' an t-saoghail.

Nuair a ràinig Ema dhachaigh an latha sin, bha litir bho oifis lagha a' feitheamh oirre. An robh i air ùidh a ghleidheadh fhathast sna taighean? Ma bha, gum biodh an t-obhnair deònach an reic fa-leth. Bha e a' dol a reic an taigh' mhòir ri gnìomhachas taigh-tasgaidh, a bha an dùil leasachaidhean a dhèanamh airson a thoirt gu bhith a' sealltainn mar a dh'atharraich innealan àiteachais sa cheàrnaidh ud thar nam bliadhnachan mòra. Bha e coltach, thuirt a' bhean-lagha, nuair a chaidh Ema a shealltainn oirre, nach robh duine ag iarraidh an taigh' bhig, agus gur e a b' adhbhar dhan sin gum feumaist an fhìrinn innse agus a ràdh gun robh e fhathast ann an eachdraidh a' cheàrnaidh gun ghabh murt àite ann sna bliadhnachan a dh'fhalbh, agus gun robh an duine bochd air adhlacadh air a' phìos fearainn a bha a' toirt a-steach an taigh'. Cha b' e a-mhàin sin, thuirt i, ach gun robh daoine air a ràdh gum bithist a' faicinn taibhse an duine mhairbh, gu h-àraid nuair a bhiodh cèo shìos anns na bealaich.

'Tha agam ri bhith fìrinneach mu dheidhinn seo,' ars a' bhean-lagha, le fiamh ghàire. 'Tha cuid ann a thogas seanchasan mu rud sam bith.

'Chan eil fios aig duin' againn gu dè a ghabh àite bho chionn fhada sna taighean sa bheil sinn fhìn a' còmhnaidh an-diugh ann am baile mòr Lunnainn.'

Cha tuirt Ema facal ach gun còrdadh e rithe an taigh agus an tìr fhaicinn a-rithist mus dèanadh i an-àirde a h-inntinn, agus b' ann an sin a sheall a' bhean-lagha dhi aon uair eile a' chlach air an robh i ro eòlach. Agus air a' mhadainn thràth earraich sin agus i aon uair eile a' sùghadh na h-àile beannaichte sin a-steach na colainn, chual' i dà isean a' ceilearadh sa chraoibh bhig air beulaibh na h-uinneige agus ghabh i e mar chomharr gun robh tàladh san àite seo dhi agus gun robh e cho math dhi gabhail ris an sin.

Bhiodh e math a bhith a' tighinn ann airson fois às a' bhaile mhòr, 's dòcha feuchainn air peantadh, bàrdachd no sgrìobhadh. Smaoinich i gum biodh cuideachd ann a' faicinn tighinn is falbh an taigh'-tasgaidh agus nach leigeadh i leas a bhith cho buileach leatha fhèin 's a shaoil i an toiseach. Ged a bha i a' cothachadh an aghaidh na h-aoise, a' toirt taing gach madainn a dhùisgeadh i gun robh anail innte fhathast, cha robh i airson a bhith ann an innibh neach sam bith no gun dùilichist dad bhuaipe. 'S dòcha corra thogail làimhe ri muinntir an taigh'-tasgaidh, ach b' e sin uile e.

## An Dosan

Cha do chuir e cus iongnaidh air duine sam bith nuair a chual' iad gun robh an Dosan air fàinne a thoirt dha Mòrag. Bha gloc gàire an siud 's an seo, ach 's ann dhen t-seòrsa a bheireadh ort toileachas fhaireachdainn. Dibhearsain cuideachd, mar a bhios a' dol sna bailtean eadar dhaoine a tha eòlach air a chèile, ged a bha fios gur e cupall frionasach a bh' annta. Bha còmhradh air gabhail àite càit am fuireadh iad; bha ise airson a bhith dìleas dha h-athair agus dhan bhoin. An Dosan airson an gnìomhachas a chumail a' dol, na dealbhan – na dealbhan gu h-àraid. Cha bhiodh cus diofair leis mun aodach, bha e air tòiseachadh a' fàs sgìth dheth.

Chuir e roimhe ge-tà gur esan a dhèanadh culaidh aodaich phòsta, a bhiodh snasail, dha Mòrag. Air obrachadh le òr, 's dòcha. Bha fios aig an dithis aca agus aig a' bhaile nach robh e àbhaisteach dha fear na bainnse aodach na mnatha-pòsta fhaicinn gus am biodh i sgeadaichte ri thaobh san eaglais. Ach gu dè am math dhut a bhith a' toirt aire dhan a h-uile facal a chluinneadh tu. Dìreach mar an taibhse a bhathas ag ràdh a bha ri fhaicinn mu thaigh Ema. Cha robh adhbhar sam bith a bharrachd gun cumadh iad ri na riaghailtean àbhaisteach a thaobh falbh air turas às dèidh na bainnse. Dìreach nuair a bhiodh am biadh agus an dannsa seachad, tilleadh gu taigh an t-Solais mar a bha air fàs àbhaisteach dhaibh, no oidhche a thoirt ann an taigh-òsta ann an Steòrnabhagh, oir bhiodh a' bhò ri a bleoghan sa mhadainn, na cearcan rim biathadh agus an cù ri leigeil a-mach.

Ach chitheadh e dè mar a dheigheadh dhaibh, agus càit air a' cheann thall an suidhicheadh iad an cabair. Cha robh iad idir a' dol a dhèanamh othail no a' dol a dh'fhaighinn àite dhaib' fhèin – cha robh othail air a bhith air an aire, dad ach cumail air uachdar agus a bhith toilichte le mar a bha iad. Cha robh neach seach neach aca a-riamh air brag a' ghaoil fhaireachdainn mar bhuille sa bhroilleach no mar ghlòir sa cheann, no mar char a' mhuiltein nan reul. Dìreach rud a bh' air lùbadh a-steach nam beatha mean air mhean gun fhaighneachd, mar sholas fann na maidne geamhraidh, no dol fodha na grèine air cùl na beinne, no creideamh nan seann linntean. Obair nàdair mar nuallanaich na bà, no srann a' choin. Gu dearbha, nan socraicheadh am pòsadh an gaol, bha iadsan air a thighinn chun na h-ìre sin gun phòsadh idir.

'Bu chaomh leam an leabhar fhaighinn a-mach mus pòsadh sibh,' ars an Solas. 'Dè an ìre aig a bheil e? Tha fios agam mar a chaidh dha Ema, ach cha tug thu guth air Gordon bho chionn fhada. Bha mi a' smaoineachdh an oidhche roimhe ach an dùil an tàinig e tarsainn air Ema a-riamh dha shamhail.'

'Well, cha b' e dìth feuchainn,' fhreagair an Dosan. 'Cha robh fiù nach do chuir e fios gu athair ann an Staten a' toirt cunntas air fhèin mar a bhiodh e a' dèanamh an ceann gach grunnan bhliadhnachan, ach cha tàinig sin gu càil. Fhreagair athair gun teagamh mu iomadh cuspair eile, ach cha do dh'ainmich e a dubh no a dath.

'Ach thachair rud às annas, mar a bhitheas ann an ruith na beatha. Thuirt mi ribh na bu thràithe gum biodh Gordon a' dèanamh locums thall 's a-bhos. Bha e ann am fear de dh'ospadail mhòra Lunnainn agus chaidh Cathie Flora agus Annie Ivy a lorg aodach. Càit an deach iad ach gu *Fine Fabrics*?

''S e fear dhe na làithean a bha Ema a' falbh na bùtha a bh' ann agus a' cur fàilte air daoine a-steach air an doras mhòr. Cho luath 's a bhruidhinn Cathie Flora, dh'aithnich Ema guth Steòrnabhaigh, mar a bh' aice fhèin air. Fèar mar guth Trish. Sheall i dhi far am bu chòir dhi a dhol a sheòrsaigeadh an aodaich a bhiodh freagarrach agus thuirt i rithe a gnothaich a dhèanamh ri tè bheag bhàn a bha thall air an taobh eile, agus chùm i oirre a' fàilteachadh na h-ath tè a bha san doras.

'Agus ann am bùth mhòr dhrìpeil le daoine a-mach 's a-steach cha robh san dithis aca ach mar fheadhainn san t-sreath, a' ceannach 's a' fiannachd, ach cha robh sin ag ràdh nach do chùm Ema sùil fo na mùdan ach dè an seòrsa stuthan a bha an dithis bhoireannach a' ceannach, gus an do dh'fhalbh iad a-mach air fear dhe na dorsan eile agus a-rithist gus an do thill iad agus fear còmhla riutha, agus gun do ghabh iad suas an staidhre dhan chafaidh.

'B' ann nuair a thàinig Ema fhèin suas dhan chafaidh còmhla ri manaidsear na bùtha agus a shuidh iad aig bòrd thall air an taobh eile a thuirt Annie Ivy ri a màthair, "Seallaibh, siud an tè spaideil a bha gar coinneachadh san doras," agus sna facail thug an triùir aca sùil chun a' bhùird sin. 'Agus dh'fheumainn a radh,' ars esan ris an t-Solas, 'gun chùm Gordon a' toirt sùil agus iomadh sùil, mus do ghabh e air èirigh agus seasamh a choimhead dealbh, ma b' fhìor, nach robh buileach fada bhuapa. Shaoil leis gun robh e a' faicinn gròbadh beag sa bheul aice an ceann gach greis mar a bhiodh i a' dèanamh nuair a bha i beag. Cha b' e gun robh e gu tur cinnteach an i a bh' ann, an coilear bèin mu h-amhaich agus a falt liath air a chìreadh air ais, gu math na bu taine agus na bu sheanga na dhùilicheadh e. Bòidhchead na h-aoise air laighe oirre, mar a bhitheas air cuid. Gu dearbha, shaoil leis, nam b' i Ema Gillespie a' bhana-mhurtair mun robh na dhà no thrì sheantansan air a bhith sa phàipear bho chionn bhliadhnachan air ais, gur iongantach mura robh i air togail oirre ge b' e ciamar. Ach, smaoinich e, cha robh rian gum b' e Ema acasan a choileanadh gnìomh dhen t-seòrsa sin.

'Well,' chùm an Dosan a' dol, 'ghluais Gordon beagan na b' fhaisge agus thàinig rud a-steach air. Guth na h-òige. Dè a rinn e ach fonn a thogail fo anail air 'Morag's Song'. Cha robh na facail air a bhith aca a-riamh, cuimhnichidh sibh, dad ach la-là la la la la la là agus ged a bha i ann an còmhradh domhainn ris a' mhanaidsear, thog i a ceann agus siud an gròbadh beòil a-rithist. Nuair a thionndaidh i, stad iad, a' coimhead a chèile. "Ema Gillespie?" ars esan, an rud nach bu chòir dha, an dòchas le a freagairt gum faigheadh e a-mach gu cinnteach an i a bha sa phàipear.

'"Erica Small,' ars ise ann an guth caran cruaidh. 'Erica Small, a Ghordon, 's math tha fhios agad."

'Ach bha aithneachadh aig an dithis aca ann am mionaid na cleithe ud gum biodh e iomchaidh an fhìrinn a chur air chùl, fìrinn chearbach na h-eachdraidh, agus obrachadh am broinn a' choinneachaidh a bha air a dheònachadh dhaibh, fada no goirid 's gum bitheadh e. Bha esan cuideachd air foghlam tro bheatha nach robh agad ri dhol dhan a h-uile dìg is clais airson fiosrachadh pearsanta a shireadh air cùisean a bha na b' fheàrr am fàgail far an robh iad, fo sgàil na h-inntinn, no fo ghlais.

'Cha do rug iad air làimh, cha deach iad an glaic a chèile, dìreach an t-iongantas gam bualadh.

'Agus nuair a thuirt Ema ris a' mhanaidsear ise a dhol sìos air ais, cha bu dùraig dha Ema an uair sin gun a dhol a-null chun a' bhùird eile agus coinneachadh ri Cathie Flora agus Annie Ivy.

'Bha ceistean gan cur, ach bha a dòighean fhèin aice air am freagairt.

'Càit an robh i air a bhith? Bha na miseanaraidh sna tìrean cèine. Bha na cailleachan-dubha air a' chùis a dhèanamh oirre ge b' oil leatha, thuirt esan le leth-ghàire, ach ghlac iad sùilean a chèile mar gum biodh teicheadh eatarra, rudeigin gan tarraing gu chèile air an aon làimh, agus gam fuadach bho chèile air an làimh eile agus fiosrachadh a' tòiseachadh a' togail cinn gur e bha seo boireannach a bha air a seanchas ionnsachadh agus gun robh i a' dol a chumail ris.

'Chuir iad seachad uair a thìde an sin a' bruidhinn a-null 's a-nall air uachdar gach cùis a dheigheadh a thogail. Agus an robh i ag obair sa bhùth, ars esan. Dìreach a' tighinn a-steach a chuideachadh mar a bhiodh feum oirre, agus cha robh sin tric, ars ise. B' e an sgeulachd aigesan gun robh e ag obair ann an ospadal an Glaschu na eòlaiche orrasan a bha a' faighinn chruachainean agus ghlùinean ùra, ach nach robh e fada bho bhith a' leigeil dheth a dhreuchd.

'S e, smaoinich an Dosan a bhiodh air còrdadh ris a' Mhaini bhòidheach. 'Agus mu dheireadh chaidh aice air a ràdh gum feumadh i a dhol sìos air ais chun an dorais-fàilteachaidh, neo nach biodh am manaidsear air a dòigh, ise a bhith a' tarraing a pàighidh agus a' caitheamh a cairtealan shuas an staidhre ag òl cofaidh.

'Chrom an ceathrar an staidhre còmhla agus ghairm iad latha math dha chèile san dealachadh.'

\* \* \*

Mar bu mhotha a thòisich Dòmhnall Seumas Iain a' dol air ais chun an leabhair agus a' dèanamh atharraichidhean an siud 's an seo, b' ann a bu teagmhaich a bha e mu a chur an clò. Cò a leughadh e co-dhiù? Cha robh e air feum sam bith a dhèanamh dha aigne, no air a shuidheachadh a leasachadh ann an dòigh air talamh. Bha e air fàs ro cheangailte ri Iain Beag Chùl nan Cnoc; cha robh e airson dealachadh ris no airson a bheatha fhalaichte a thoirt seachad, dìreach mar nach robh esan airson gum biodh fios aig daoine mar a chleachd e fhèin a bhith ri na Mijucs no a' creidsinn sa bhuisneachd. Cha dèan mi sin idir ort, Aonghais, theireadh e ris ann am marbhan na h-oidhche, agus bha e dhen bheachd gun robh a' Mhaini bhòidheach air an aon ràmh. Bu tric a smaoinich e air an leabhar a dhubhadh às le aon bhuille dhe chorraig, sgrìobhadh a thug a dhùbhlan dha a sgrios air aghaidh na h-iarmailt. Dè nan nochdadh John Small dhachaigh aon uair eile dhan bhùth mus bàsaicheadh e, eadhon ann an riochd às ùr, agus esan, Dòmhnall Seumas Iain, air sgeulachd a' gheamair a dhùsgadh dhan t-saoghal nuair a bu chòir na rudan sin fhàgail nan sìneadh, no gun tigeadh

Ema leis an sgithinn airson a cur annsan mar a rinn i air Murdo Gillespie?

Dh'fheumadh e a dhol air falach, smaoinich e, oir bhiodh a' Ghàidhlig aig Annie Ivy, ged a b' ann an ceann fichead bliadhna a chuireadh i a h-aghaidh air an tìr agus gun aithnicheadh i gur esan Dòmhnall Seumas Iain a bh' air an sgeulachd aca a chur ri aghaidh an t-sluaigh gun chead, gun iarraidh, gun fhaighneachd agus air brath bith-bhuan a dhèanamh orra.

Dèanadh Trish e, smaoinich e, oir shaoil leis gun tug John Small na h-uimhir de chead dhi airson sin – thoireadh ise deireadh na sgeòil an-asgaidh, eadhon ged nach robh aice ach bloighean dhith. Agus gu dearbha cha robh esan a' dol a thoirt dhi a chuid fiosrachaidh-san gu h-iomlan, cha robh esan a' dol a dhèanamh balach mòr agus a' dol a shealltainn dhan t-saoghal na bha fios aigesan mun deidhinn fa-leth. 'S e nach robh. 'S e a bh' annsan duine dìreach, ceart, a bha air a dhol tron mhuilinn e fhèin, agus a bha taingeil a bhith a' cur aghaidh air pòsadh tè a bh' air solas a thoirt na bheatha. Cha b' e a cuid-se a bharrachd a bhith air a clàbhadh le an-fhois na h-inntinn aigesan. Laigheadh *An Lònan Dubh* am bad ud, air stob bheag na cuimhne an dà chuid na cheann agus sa bhucas bheag sam biodh e a' gleidheadh smuaintean dìomhair a bhiodh a' ruith tro inntinn bho àm gu àm.

\* \* \*

'S ann ann an taigh-coinneimh a' bhaile a phòs an Dosan agus Mòrag air latha brèagha samhraidh, latha far an cluinneadh tu ceilearadh nan eun, dìreach mar a chluinneadh John Small am measg an fhraoich, agus Ema air taobh a-muigh na h-uinneige.

Bha an dreasa-pòsaidh às annas mar a dhùilichist, nèibhidh le panailean de thartan nam Bochanach san sgiorta, an dath buidhe a' toirt togail, agus ad bheag bhòidheach le ite dhen tartan air a ceann agus bhèile bheag. Cha tug duine seachad i, oir shaoil leotha nach robh i le duine ach leatha fhèin.

Mar sin choisich iad sìos trannsa an taigh'-coinneimh nan dithis dìreach mar a choisich Aonghas a-mach an staran leis fhèin an latha a thog e air a dh'Ameireagaidh sna ginealaich a dh'fhalbh. Agus nuair a ghairm am ministear aig deireadh na seirbheis gun robh iad a-nis mar aon fheòil, ghabh an Dosan làmh a' mhanagain bhòidhich, a bha na suidhe san t-suidheachan aig fìor bheulaibh na h-eaglaise ri taobh an t-Solais. Bha ise a' faighinn a h-àite dligheach mar thè a bha na h-earrainn mhòr de chiall an Dosain, suidheachadh ris an robh Mòrag a' gabhail.

Thog e i rin taobh, far an do leig i a cuideam air Mòrag. Le mar a chùm Mòrag i, chanadh na bha an làthair gur i am Maini a thog a' bhèile bho aghaidh Mòrag mar a dhèanadh bean-chomhailteach sam bith, a' daingneachadh briathran a' mhinisteir, a sheas gu somalta agus gu dòigheil fhad 's a bha an t-iongnadh a' lìonadh an togalaich.

Nuair a ràinig iad a-mach dhan ghrèin chanadh tu gun robh tartan nam Bochanach a' deàlradh, ach a' dèanamh seòrsa de dh'fhalbh sa ghaoith ri linn uspagan beaga gasta an t-samhraidh, a' ghaoth a bhios gar sèideadh uile ann am falbh is tighinn na beatha.

Agus nuair a choimheadadh muinntir a' bhaile air ais air na ghabh àite fa chomhair an sùilean, ann a bhith ag innse na h-eachdraidh thar nan linntean, chanadh iad nach robh agus nach bitheadh seilbh aig duin' againn air an fheart annasach sin ris an abair sinn ciall.